책세상문고 · 우리시대

양심과 사상의
자유를 위하여

책세상문고 · 우리시대

양심과 사상의 자유를 위하여

조국

책세상

양심과 사상의 자유를 위하여 | 차례

개정판에 붙여 7
책을 쓰게 된 동기 10

들어가는 말—양심과 사상의 자유란 무엇인가 14
1. 양심과 사상의 자유, 그 의의와 현황 14
2. 양심과 사상의 자유의 구성 내용과 쟁점 19

제1장 좌파 사상범에 대한 보안관찰처분
1. 좌파 사상범의 내심은 침해되어도 좋은가? 29
2. 사상전향제의 역사와 논리 31
   (1) 일본 제국주의하의 사상전향제와 보호관찰제 31
   (2) 해방 후 국민보도연맹의 비극—예비검속과 '골로 보내기' 35
   (3) 권위주의 체제하의 사상전향제도와 사회안전법에 의한 보안감호 37
   (4) 준법서약제—저강도 사상전향제 43
3. 보안관찰처분—사상범에게 강제되는 '창살 없는 감옥살이' 50
   (1) 보안관찰처분의 요건·절차와 내용 50
   (2) 보안관찰처분의 문제점 55
   (3) 보안관찰처분에 대한 법원의 견제 62
4. 결론 66

제2장 양심적 병역거부권

1. 양심적 병역거부자의 인권에 대한 장기간의 외면 71

2. 양심적 병역거부권의 국제적 보장의 현재 80

　　(1) 나라별 법적 보장의 근거 80

　　(2) 국제법적으로 승인된 인권 83

　　(3) 나라별 양심적 병역거부권 보장 현황 89

3. 양심적 병역 거부는 이단 종파의 교리? 91

4. 한국에서 양심적 병역거부권 실현과 대체복무제 도입을 위한
　　몇 가지 점검 사안 94

5. 결론 101

제3장 빨갱이 콤플렉스와 사상을 표현·실현할 자유

1. 사상의 자유는 사회 진보의 필수조건이다 107

2. '빨갱이 귀신'에 사로잡힌 사상의 자유 112

3. 반체제 사상의 표명과 실천은 범죄로 처벌받아야 하는가? 119

4. '명백하고 현존하는 위험'의 법리 131

5. 결론 136

제4장 국가보안법 총비판

1. 왜 국가보안법이 문제인가? 141

2. 냉전과 독재를 위한 '프로크루스테스의 침대' 143

   (1) 반통일성—북한은 '반국가단체'에 불과한가? 145

   (2) 반민주성—정치·시민적 권리를 위축시키는 '다모클레스의 검' 152

3. 국가보안법 유지론 비판 160

   (1) 북한 노동당 규약과 북한 형법의 '반국가범죄' 폐지 없이
     국가보안법 폐지 없다? 160

   (2) 다른 민주주의 국가에도 유사 법률은 있다? 163

4. 결론 171

맺는 말 184

주 189

더 읽어야 할 자료들 217

2001년 이 작은 책자를 낼 때만 하더라도 양심과 사상의 자유가 왜 필요한지, 우리 사회에서 이 자유의 보장 수준은 어떠한지에 대한 대중적 인식은 취약했다. 다행히도 이 책이 나온 이후 상당한 변화가 있었다. 공안사범의 가석방, 사면과 복권시에 요구되던 '준법서약서'는 2003년 폐지되었다. 국가보안법 개폐의 필요성이 학계는 물론, 정치권과 언론에서도 활발히 논의되었으며, 국가인권위원회는 이 법의 폐지를 공식적으로 권고하기에 이르렀다. 또한 국가보안법 위반으로 처벌되는 사람의 수는 줄어들고 있으며, 처벌되는 경우도 과거에 비해 형량이 매우 가벼워졌다. 양심적 병역거부를 인정하고 대체복무제를 도입할 필요가 있다는 인식도 상당히 확산되었다. 소수의견이기는 하지만 대법원과 헌법재판소에서도 양심적 병역거부를 인정하는 목소리가 나왔으며, 국가인권위원회도 이에 동조하는 의견을 냈다. 이런 변화는 우리 사회에서 정치적 민주화가 계속 진전되고 있음을 보여주는 징표다.

이 책의 초판이 6쇄를 찍으면서 이러한 변화를 이루는 데 자그마한 기여라도 했다면 소기의 목적은 달성한 셈이다. 개정판은 초판 이후 6년간의 변화를 반영함과 동시에 여전히 남아 있는 문제를 밝히려는 목적으로 만들어졌다. 이후 기본적인 상황에는 변화가 없었지만 국가보안법과 관련한 중요한 대법원 판결이 몇 개 내려졌다. 특히 2008년 조국통일범민족연합 남측본부 판결에서의 별개의견과 2010년 남북공동선언실천연대 판결에서의 반대의견이 매우 중요하다. '명백하고 현존하는 위험'의 법리가 온전한 형태로 대법원 내부에서 등장했기 때문이다. 마침 2007년 판이 소진되었기에 이러한 판결 내용을 반영하여 개정판을 찍기로 했다.

참고로 초판에서 사용했던 '양심적 집총거부'라는 용어를 개정판에서는 '양심적 병역거부'라는 용어로 대체했음을 밝힌다. 초판에서 '병역' 대신에 '집총'이라는 용어를 선택했던 것은 양심적 병역거부자는 단지 병역기피자가 아니라 병역의무를 집총이 아닌 다른 방식으로 이행하려는 자라는 점을 표현하기 위함이었다. 그러나 이제 '양심적 병역거부'라는 용어가 대중적으로 많이 사용되고 있고, 학계와 판례에서도 이 용어를 사용하고 있어 이를 따랐다.

이명박 정부가 들어서면서 양심적 병역거부 인정, 국가보안법 개폐 등의 문제는 정치·사회적 의제에서 완전히 사라졌다. 정부는 양심과 사상의 자유 보장의 중요성을 인식하지 못하거나 이 자유의 보장을 꺼리고 있기에 이 문제 해결에 앞장설 생각이 없다. 국회의 상황도 마찬가지다. 노무현 정부 당시 반대론자들과의 부분적 타협을 통해서라도 한 단계 마무리를 했어야 하지 않았을까 하는 생각이 든다. 이 문제가 다시 공론의 장에 오르려면 정치 지형의 변화가 필요할 것이다. 상당한 인내가 필요한 시기이다.

2010년 10월

내가 양심과 사상의 자유 문제에 처음 관심을 갖게 된 때는 암울했던 1980년대 초반의 대학시절이었다. 당시 학생운동을 비롯한 재야 민주화운동은 항상 급진·좌경·용공·폭력 집단으로 매도되었다. 군사독재, 분단 그리고 자본주의의 모순을 직시하고 그 해결을 위해 헌신하는 이들은 '빨갱이'라는 딱지가 붙어 국가보안법 위반으로 중형에 처해졌다. 지금은 법관으로 재직 중인 벗을 면회한 후 올려다본 교도소 담장은 어찌나 견고하고 높던지…. 온전한 민주주의와 통일을 지향하고 자본주의의 모순을 해결하려는 사상과 그 실천이 '범죄'가 되는 현실을 수용하기 힘들었다.

1987년 대학원에 들어가 형사법을 전공하면서도, 왜 양심과 사상의 자유가 중요한지, 그 구성 요소는 무엇인지, 이 자유가 제약될 수 있는 요건과 제약의 범위는 어떠해야 하는지 등에 대한 고민과 공부는 계속되었다. 1992년 나의 '대중적 글쓰기'의 첫 산물 《사상의 자유》는 그러한 노력의 한 결실이었다. 이 책으로 '명백하고 현존하는 위험'의 법리, 홈스O. W. Holmes 대법관과 볼테르Voltaire의 금언, 그리고 채만식의 '빨갱이' 정의 등을 대중화시켰다는 평가를 받아 조그만 보람을 느끼기도 했다. 그러나 당시 여러 가지 화급한 상황에서 책을 만들다보니 많은 각주가 누락되고, 거친 논리와 문장에 대한 교열이 제대로 이루어지지 않아 마음 한편에 항상 부담감이 있었다. 그럼에도 필자가 겪은 한국 형사절차에 대한 '현장 실습', 그리고 뒤이은 장기간의 유학생활로 인해 개정본을 내지 못했다. 이 자리를 빌려 독자들에게 양해를 구한다.

양심과 사상의 자유를 다룬 책을 새로 써야겠다고 마음먹게 된 계기는, '양심수prisoner of conscience' 출신의 '인권 대통령'이 이끄는 '국민의 정부'가 들어선 후에도 양심과 사상의 자유에 대한 우리 사회의 인식 수준은 여전히 저열하며, 이 자유를 침해하는 제도와 문화 역시 온존해 있다는 새삼스러운 자각 때문이다. 국내외의 비판 속에서 폐지의 전망이 보였던 국가보안법은 여전히 위세를 떨치고 있고, 사상범에 대한 준법서약 요구와 보안관찰은 광범하게 진행되고 있다. 그리고 최근 들어 과거 수십 년 동안 주목받지 못하던 양심적 병역거부자의 인권 문제가 드디어 부각되고 있다. 이러한 배경 위에서, 과거에 썼던 글들을 고치고 당시 누락되었던 부분을 덧붙여 이 자그마한 책으로 묶게 되었다.[1]

양심과 사상의 자유는 많은 연구와 토론이 필요한 법학의 중요한 주제임과 동시에, 이 자유의 결핍으로 인해 현실적으로 고통을 받는 사람의 고통 해소와 직접 관련된 실천적 주제이기도 하다. 나는 이 책이 자신의 양심과 사상을 지키고 이를 실현하다가 시련을 맞이한 이들에게 위안이 되기를 희망하며, 나아가 이 땅에 시도 때도 없이 출현하는 '색깔론'의 망령이 사라지고 우리 사회의 진보와 민주를 위한 '백화제방 백가쟁명(百花齊放 百家爭鳴)'이 실현되는 데 밑거름이 되길 바란다. 그리하여 마침내 이 책의 주장이 모두 필요 없게 되어, 이 책이 창고에 처박히거나 폐지로 사용되는 시대가 하루 빨리 도래하길 고대한다.

양심과 사상의 자유를 둘러싼 우리 현실이 그러하기에 이 책 또한 논쟁적일 수밖에 없으며, 논쟁에서 모호한 중립적 태도를 취하는 것은 논의의 발전을 방해하므로 이 책은 나의 입장을 강하게 드러내는 방식으로 쓰였다. '멸공'과 '안보'가 여전히 지상과제라고 믿는 이는 이 책의 주장에 강하게 반발할 것이다. 그러나 나는 '(헌)법의 정신'과 '인권'을 최고 수준으로 실현하는 것이 우리 시대의 당면 목표라고 확신하고 있다.

뉴턴의 말을 빌리면, 많은 '거인들의 어깨 위에 서서' 사물과 세상을 볼 수 있었기에 이 책이 나올 수 있었다. 이 자리를 빌려 학은을 입은 여러 분들께 깊은 감사의 뜻을 전하고 싶다. 그리고 이 책이 법학을 전공하지 않은 사람들에게 널리 읽히기를 바라면서 할 수 있는 한 법학적 개념과 논리를 억제하려고 노력했음을 밝힌다.

사람은 누구를 막론하고 사상, 양심 및 종교의 자유를 향유할 권리를 가진다.
　　　　　　　　　　　　　　　　　— 1948년 세계인권선언 제18조

모든 사람은 표현의 자유에 대한 권리를 가진다. 이 권리는 구두, 서면 또는 인쇄, 예술의 형태 또는 스스로 선택하는 기타의 방법을 통하여 국경에 관계없이 모든 종류의 정보와 사상을 추구하고 접수하며 전달하는 자유를 포함한다.
　　　　　　　— 1966년 시민적·정치적 권리에 관한 국제규약 제19조 2항

1. 양심과 사상의 자유, 그 의의와 현황

　권위주의 체제가 끝나고 '포스트모던' 유의 가벼움의 문화가 인기를 끄는 시대에 양심, 사상, 신조, 신념, 세계관 등의 단어는 그 무겁고 진지한 함의 때문에 인기 없는 상품으로

전락하고 있는지도 모른다. 그러나 물신이 노골적으로 지배하는 이 '천민자본주의'의 시대에 선과 악, 올바름과 그름에 대한 정신적 활동을 포기하는 것은 바로 인간으로서의 존엄과 가치를 포기하는 것과 마찬가지다. 이러한 정신적 활동을 가능하게 하는 요체는 양심과 사상의 자유다.

우리 헌법 제19조는 "모든 국민은 양심의 자유를 가진다"라고 선언하고 있다. 그리고 헌법학계의 통설은 이 조항에서 양심의 의미는 윤리적 의미의 양심만이 아니라 널리 사상의 자유까지를 포괄하는 것으로 이해하고 있다.[2] 또한 헌법재판소는 양심의 자유를 "어떤 일의 옳고 그름을 판단함에 있어서 그렇게 행동하지 아니하고는 자신의 인격적 존재가치가 허물어지고 말 것이라는 강력하고 진지한 마음의 소리"[3]라고 정의하면서, 여기에는 "세계관, 인생관, 주의, 신조 등은 물론 이에 이르지 아니하여도 더 널리 개인의 인격 형성에 관계되는 내심에 있어서의 가치적, 윤리적 판단도 포함"[4]하는 것으로 보고 있다. 그리고 우리 정부가 가입한 '시민적 및 정치적 권리에 관한 국제규약' 제18조는 명시적으로 사상의 자유를 규정하고 있다. 엄격히 말할 때 양심이 윤리적 차원의 사고라면 사상은 세계관적 확신과 관련된 논리적 차원의 사고라고 구분할 수 있겠으나[5], 현재의 법 해석으로 헌법 제19조는 양심과 사상의 자유를 모두 보장하는 조문이라고 이해하는 데 큰 무리가 없다. 독일 기본법 제4조는 양심의 자유 외에 "세계관적 신념Weltanschauliches Bekenntnis"의 자유를 보장하고 있으며, 일본 헌법 제19조는 양심의 자유와 별도로 사상의 자유를 명시적으로 보장할 것을 규정하고 있다.

양심과 사상의 자유는 "정신적 기본권 중 가장 근원적인 것"[6]이며, "최상급기본권Supergrundrecht"[7]이라고 언급되는데, 민주주의 국가에서 이 자유를 헌법으로 보장하는 이유는 무엇일까? 그것은 인간이 자신의 양심과 사상에 따라 사고하고 행동할 수 없다면 인간으로서의 존엄성의 뿌리가 흔들릴 수밖에 없으며, 나아가 민주주의 체제의 존속과 발전 역시 보장될 수 없기 때문이다. 특히 법률의 외피를 쓴 '불법국가'가 등장했을 때 민주주의를 회복하는 단초는 시민의 양심과 사상적 결단에서 비롯한다.

예를 들어 1972년 들어섰던 '유신(維新)체제'를 생각해보자. 유신헌법 제52조 제1항에 근거해 대통령은 긴급조치를 내릴 수 있었는데, 그 내용은 민주주의 정치 체제에서는 상상도 할 수 없는 것으로 도저히 법이라는 이름을 붙일 수 없는 것이었다.

긴급조치 제1호(1974년 1월 8일)는 ①대한민국 헌법을 부정, 반대, 왜곡 또는 비방하는 일절의 행위를 금한다, ②대한민국 헌법의 개정 또는 폐지를 주장 발의 제안 또는 청원하는 일절의 행위를 금한다, ③유언비어를 날조 유포하는 일절의 행위를 금한다, ④전 ①, ②, ③호에서 금한 행위를 권유, 선동, 선전하거나 방송, 보도, 출판, 기타 방법으로 이를 타인에게 알리는 일절의 언동을 금한다. 이 조치에 위반한 자와 이 조치를 비방한 자는 법관의 영장 없이 체포, 구속, 수색하며 15년 이하의 징역에 처한다. 이 경우에는 15년 이하의 자격 정지를 병과(倂科)할 수 있다. (중략) ⑥이 조치를 위반한 자와 이 조치를 비방하는 자는 비상 군법 회의에서 심판·처단한다 등을 내용으로 하고 있었다. 그리고 긴급조치 제9호 (1975년 5월 13일)는 유언비어를 날조, 유포하거나 사실을 왜곡하여 전파하는 행위, 집회, 시위 또는 신문, 방송, 통신 등 공중 전파 수단이나 문서, 도서, 음반 등의 표현물에 의하여 대한민국 헌법을 부정, 반대, 왜곡 또는 비방하거나 그 개정 또는 폐지를 주장, 청원, 선동 또는 선전하는 행위, 학교 당국의 지도 감독하에 행하는 수업, 연구 또는 학교장의 사전 허가를 받았거나 기타 의례적, 비정치적 활동을 제외한 학생의 집회, 시위 또는 정치 관여 행위, 이 조치를 공연히 비방하는 행위 등을 금지하고, 이 조치 또는 이에 의한 주무부 장관의 조치에 위반한 자는 법관의 영장 없이 체포, 구금, 압수 또는 수색할 수 있다고 규정하고 있었다.

요컨대 긴급조치는 헌법에 대한 비판이나 개헌 운동 및 이를 보도하는 일체의 행위를 범죄로 규정하고, 수사기관은 긴급조치 위반자에 대해 법관의 영장 없이 강제처분을 할 수 있도록 허용하고 있다. 그리고 유신헌법 제53조 4항은 이러한 긴급조치는 사법심사의 대상이 되지 않는다고 못 박아두었다. 이러한 상황에서 민주주의의 회복은 거의 전적으로 민주주의와 인권을 회복해야 한다는 시민의 양심과 신조에 맡겨진다. 이제는 민주화가 되었으니 유신헌법이나 긴급조치 같은 것이 다시 등장하지는 않을 것이라고 판단할 수도 있을 것이다. 그러나 향후 경제적 파국, 남북 간의 극단적 대립 등이 겹치는 상황이 도래한다면 우리가 현재 누리고 있는 민주주의의 수준은 급격히 후퇴할 수도 있다.

이와 같은 양심과 사상의 자유가 갖는 중요성에도 불구하고, 오랫동안 반공과 냉전 이데올로기가 지배해온 우리 사회에서는 헌법 제19조의 진정한 의미는 위축되었다. 예컨대 국가보안법은 반공과 냉전 이데올로기를 벗어나는 모든 사상과 활동에 '빨갱이'라는 낙인을 찍고 그 실제적 위험성과 관계없이 처벌해왔으며, 현재는 폐지된 사회안전법은 보안감호처분 부과 등을 통해 사상범에게 자신의 양심과 사상을 포기하고 '전향'할 것을 강요해왔음은 널리 알려진 사실이다. 민주화 이후 사회 여러 분야에서 개혁이 이루어져왔으나 양심과 사상의 자유와 관련된 영역에는 여전히 권위주의 논리가 강고히 자리 잡고 있다. 남북 관계의 변화, 국가보안법에 대한 국내외의 비판에도 불구하고 국가보안법은 여전히 실정법률로 작동하고 있으며, 사회안전법은 폐지되었으나 보안관찰법상의 보안관찰처분에 의한 사상범 감시는 계속되고 있다. 또한 민주화에 상관없이 양심의 이유로 병역을 거부하는 자는 그 고뇌를 무시당한 채 단지 애국심 없는 병역기피자라는 낙인을 쓰고 투옥되어왔다. 그리하여 노벨평화상을 탄 '양심수' 출신 대통령과 '인권변호사' 출신 대통령이 이끄는 정부가 들어선 이후에도, 이 땅에 '양심수'가 있는가 없는가 하는 논쟁은 여전히 반복되고 있다.

요컨대 우리 사회에서 양심과 사상의 자유 보장 문제는 과거형이 아니라 현재 진행형이며, 민주와 인권의 시대를 안착시키기 위해 반드시 맞닥뜨리고 해결해야 할 과제다.

2. 양심과 사상의 자유의 구성 내용과 쟁점

본격적인 논의에 앞서 주요한 쟁점을 도출하기 위해 양심과 사상의 자유의 내용은 무엇인지, 즉 양심과 사상의 자유의 보호 범위는 어디까지인지 살펴보기로 하자. 우리 헌법학계의 통설은 양심과 사상의 자유는 ①양심과 사상의 형성 및 결정의 자유 ②양심과 사상을 소극적으로 지키는 자유 ③양심과 사상을 적극적으로 실현하는 자유 등을 포함한다고 보고 있다.

첫째, 양심과 사상의 형성 및 결정의 자유는 시민이 자신의 양심과 사상을 형성하고 결정할 때 외부의 압력이나 강제를 받지 않아야 한다는 것이다. 시민 개인의 양심과 사상은 어떠한 제약도 없이 오로지 개인의 내심 깊숙한 곳에서 만들어지는 것이며, 이 과정은 국가나 법의 간섭으로부터 절대적으로 보호되어야 한다. 국가에 의한 세뇌 작업, 성격 개조를 위한 의약적 처치 등이 우리 사회에서 진행되고 있는 것은 아니므로 이 정도의 자유는 모든 시민이 다 누리고 있는 것처럼 보인다.

그렇지만 우리는 오랫동안 권위주의 체제 아래 살면서 사고방식도 권위주의에 물들어 소수자의 양심과 신조를 폄하하고 무시하고 있는 것은 아닌지 스스로 돌이켜보아야 한다. 양심과 사상의 올바름은 결코 다수결로 결론내릴 수 있는 사안이 아니다. 오히려 한 사회의 민주화와 인권의 수준을 정확히 알기 위해서는 다수자가 아니라 소수자의 양심과 사상이 어떠한 상태에 있는가에 주목해야 한다. 또한 독일 연방헌법재판소가 판시(判示)한 것처럼[8], 법관 역시 개인의 양심에 따른 결정을 그 내용에 따라 옳다, 그르다 판단해서는 안 된다. 양심의 내용을 판단하는 것은 법관의 권한 밖이기 때문이다.

둘째로 양심과 사상을 소극적으로 지킬 수 있는 자유에 대해서 살펴보자. 이 자유를 세분하면 ⓐ자신의 양심과 사상을 언어 또는 행동으로 외부에 표명하도록 강제되지 않는 자유

ⓑ양심과 사상에 반하는 작위(作爲)를 강제당하지 않는 자유 등이 포함된다.

ⓐ의 자유는 '침묵의 자유'로, 양심과 사상을 일정한 행동에 의해 간접적으로 표명하도록 강요당하지 않는 자유는 '양심·사상 추지(推知)의 금지'라고 일컫는다. 봉건시대에 십자가 밟기로 기독교 신자를 색출했던 것이 이러한 양심 사상의 추지의 대표적인 악례일 것이다. 현재 스페인 헌법 제16조 제2항은 "누구도 자신의 이데올로기, 종교 또는 신념의 고백을 강요당하지 않는다"라고 규정하고 있으며, 독일 기본법 제4조 제1항은 "세계관적 고백의 자유는 불가침이다"라고 규정하고 있다.

ⓐ와 관련하여 우리 사회에서 문제가 되는 것은 단연 구(舊)사회안전법 아래 이루어졌던 전향제도와 그 후신인 준법서약서제도다. 대법원은 구사회안전법이 전향 여부를 보안처분 면제 요건 또는 보안처분 기간의 갱신 여부를 판단하는 기준으로 삼는 것이 양심과 사상의 자유를 침해하는 것은 아니라고 보았고[9], 헌법재판소는 준법서약서 제출을 거부하는 수형자에게 가석방 혜택을 주지 않는 것은 합헌이라고 결정했다.[10]

그러나 전향이든 준법서약이든 간에 시민의 양심과 사상의 명시적·공개적 포기 또는 실정법질서의 무조건 준수 등을 보안관찰처분의 면제, 형집행정지 또는 가석방 등의 전제

조건으로 달기 때문에, 이때 시민의 침묵의 자유가 위축되지 않는다고 주장하기는 매우 어렵다.

그리고 현재 출소한 사상범에게 부과되는 보안관찰처분의 경우 사상범에게 사상의 포기를 요구하지는 않지만 사상범의 내심을 계속 주이·추단하며 자유를 제약한다. 대법원은 보안관찰법상의 보안관찰처분은 피보안관찰자의 재범 방지를 위한 특별예방적 처분이므로 양심과 사상의 자유에 반하지 않는다고 판시한 바 있다.[11] 그러나 사상범에 대해 형벌이 아닌 보안처분의 이름 아래 각종의 자유 제약이 이루어진다고 해서 그 제약의 징벌적 성격이 사라지는 것은 아니다.

ⓑ는 "양심에 반하는 '작위 의무로부터의 해방'"을 뜻하는 것인데[12], 이와 관련해서는 최근에야 사회적 조명을 받고 있는 '양심적 병역거부conscientious objection to military service'가 핵심 쟁점이다. 종교적 또는 양심적 이유로 집총을 거부하는 시민을 병역 의무 위반이라는 이유로 투옥하는 것이 타당한가를 다루는 문제다. 대법원은 국방의 의무가 있는 이상 양심상의 결정으로 병역을 거부하는 것은 당연히 형사적 처벌을 받아야 하며, 양심적 병역거부자를 위한 대체복무제도를 도입할 것인가 여부는 입법자의 재량에 맡겨져 있다고 판시해왔다.[13]

그러나 양심적 병역거부자에게 군입대는 바로 자신에게 가장 중요한 신념 체계를 무너뜨리는 것이라는 점을 고려할 때, 국가는 "양심의 자유를 최대한으로 보장하기 위하여, 입법자는 양심의 충돌이 예상되는 법률에 대해 그 충돌을 회피시킬 수 있는 법적 대안을 마련해주어야"[14] 하지 않을까? 그리고 대다수의 민주주의 국가에서 양심적 병역거부권이 헌법상의 권리로 보장되어 있고 이는 국제법적으로도 수용되었다는 점을 생각하면, 양심적 병역거부자를 위한 대체복무제 도입을 고민하지 않고 기계적으로 이들을 형사처벌하는 것은 국가의 의무를 방기하는 것이다.

세 번째로 양심과 사상의 자유를 적극적으로 실현하는 자유는 시민이 자신의 양심과 사상에 따라 발언하고 조직을 결성하는 등 양심과 사상을 행동으로 옮기는 자유다. 세계인권선언과 국제인권규약 역시 이러한 양심과 사상 실현의 자유를 명문화하고 있다. 사실 양심과 사상을 실현하는 자유를 뺀 양심과 사상의 자유는 큰 의미가 없다. 양심의 자유가 그 본질상 어차피 국가권력의 영향권 밖에 있기 마련인 양심 형성 내지 양심 결정 같은 내심 영역에 제한되는 것이라면, 양심의 자유를 특별히 헌법상의 기본권으로 보장할 이유가 없는 것이다.[15] 실현하는 것이 금지된 양심과 사상이 무슨 의미가 있겠는가? "그 사상을 남들에게 전달하는 것이 허락되지 않는다면, 사상가 자신이 불만, 차라리 고통스러운 일이며, 분명히 그의 동포들에게 무가치한 일이니 말이다."[16]

양심과 사상을 실현하는 자유는 언론, 출판, 집회, 결사 등의 '표현의 자유freedom of expression'와 긴밀한 연관이 있다. 특히 우리 사회에서 문제가 되는 대표적인 예는 자신의 양심과 사상에 따른 행위가 국가보안법상 '반국가단체' 또는 '이적단체' 결성, '반국가단체'의 고무·찬양·동조('이적행위') 등의 죄에 해당하는 경우다. 민주화 이후 국내외에서 국가보안법의 여러 문제점이 드러나면서 국가보안법의 남용이 대폭 줄어들었고, 좌파적 강령을 가진 민주노동당이 만들어지고 의회 진출까지 이루어냈다. 그러나 자본주의 경제질서나 자유민주주의 정치이념을 정면으로 부정하는 사상을 외부에 표현하고 이러한 사상에 따라 활동하는 사람 또는 '김일성주의'를 추종·동조하면서 연방제 통일, 주한미군 철수 등 북한의 대남정책과 유사한 주장을 펼치는 사람에 대해서는 이러한 사상과 활동이 실제로 북한 정부와 연결 없이 이루어졌다 하더라도 온전한 관용이 베풀어지지 않는다. 왜냐하면 우리 법원은 사상의 실현 활동이 실제로 국가와 사회에 구체적·실질적 위험을 초래하는가 여부와 상관없이 "대한민국의 안전과 자유민주주의 체제를 위협하는 적극적이고 공격적인 표현"[17]이기만 하면 처벌해왔기 때문이다.

　대부분의 현대 민주주의 국가에서 자본주의를 비판·부정하는 사상과 이를 실현하기 위한 조직이 합법화되어 있다는 점은 널리 알려진 사실이다. 예컨대 대표적인 자본주의 국가인 이웃 일본에는 공산당이 유력 야당으로 활동하고 있음은 물론, 북한 노선을 충실히 따르는 정치조직도 합법화되어 있다. 통일 전 서독에서도 공산당이 조직되어 활동했다. 그리고 아무리 북한과의 정치·군사적 대치 상황이 존재한다는 점을 인정하더라도, 자본주의와 자유민주주의에 반대하는 사상의 실천에 대해 그것이 과연 사회에 구체적·실질적 위험을 일으키는지 따지지도 않고 곧바로 범죄시하고 처벌하는 것은 '인권 후진국'임을 자인하는 일이다. 또한 국내에서 국가보안법 제7조 위반으로 유죄 확정된 사건에 대해 왜 유엔인권위원회United Nations Human Rights Commission가 피고인의 인권이 침해되었다고 결정했는지, 그리고 왜 국가보안법을 단계적으로 폐지할 것을 권고했는지 생각해보아야 할 것이다.[18]

다음 장에서는 각각 이와 같은 양심과 사상의 형성 및 결정의 자유, 양심과 사상을 소극적으로 지키는 자유, 양심과 사상을 적극적으로 실현하는 자유가 우리 사회에서 어떠한 모습으로 존재하고 있는지 주요 쟁점을 중심으로 검토하고, 양심과 사상의 자유의 온전한 개화를 막는 대표적 법률인 보안관찰법과 국가보안법을 비판적으로 살펴보기로 한다.

제 1 장

좌파 사상범에 대한 보안관찰처분

사상전향제는 인간의 가장 깊은 성역에 대한 국가권력의 폭력적 침입이
며, 극에 달한 정치적 폭력의 한 표현이다. ― 서준식

사상범이나 확신범의 경우 형벌로 해결되지 못하는 부분은 사실 국가공
권력이 개입해서는 안 되는 부분이다. ― 이승호

1. 좌파 사상범의 내심은 침해되어도 좋은가?

헌정사상 최초로 야당에 의한 정권 교체를 이룬 김대중 정부는 1998년 정부 수립 50주년을 맞이해 사면·복권을 시행하면서 사상전향제를 폐지한다고 선언했다. 일제가 도입하고 권위주의 체제 아래에서 계승·존속되어온 제도가 드디어 사라진 것이다. 그런데 김대중 정부는 사상전향제 대신 '준법서약서'제도를 도입하여 운영했다. 김대중 정부는 준법서약제는 단지 대한민국의 실정법률을 지키겠다는 뜻을 확인하는 것이므로 사상전향과는 무관한 제도라는 입장을 취했다. 그러나 시민·인권단체는 준법서약제가 내심의 자유를 침해하는 신판 사상전향제라고 비판하며 맞섰다. 2002년 헌법재판소의 다수의견도 준법서약제가 위헌이 아니라는 정부의 입장에 손을 들어주었다. 그러나 이 제도에 대한 비판은 계속되었고, 2003년 노무현 정부는 준법서약서 제도를 폐지하게 된다. 드디어 시민이 자신의 양심과 사상을 국가가 요구하는 일정한 방식으로 드러내도록 직·간접적으로 강요하는 제도가 최종적으로 사라진 것이다.

한편 권위주의 체제에서는 1975년 제정된 사회안전법에 따라 전향을 거부한 좌익수는 선고된 형량을 다 살았더라도 수십 년 동안의 보호감호처분을 받았다. 그 결과 우리나라는 세계 최장기수를 보유한 나라라는 오명을 써야 했다. 6월 민주항쟁을 거쳐 1988년에 사회안전법은 폐지되었으나, 이 법에 의해 가능했던 여러 보안처분 중 보호관찰처분은 없어지지 않았다. 1989년 제정된 보안관찰법에서 보안관찰처분으로 부활한 것이다. 이에 따라 현재 석방된 공안사범 중 "재범의 위험성"(동법 제3조, 4조 1항)이 있다고 판단되어 보안관찰처분이 부과된 사람은 각종 신고 의무를 이행해야 하고 항시적으로 관찰 대상이 되어야 한다. 만약 신고 의무를 위반하면 보안관찰법 위반으로 구속·기소된다. 그리고 피보안관찰자의 "건전한 사회복귀"를 위하여 수사기관의 각종 지도가 행해지기도 한다(동법 제19호 1항).

이러한 보안관찰법에 대해 학계와 인권운동 단체들은 제정 초기부터 많은 비판을 제기해왔다. 보안관찰처분은 분명 형사제재인데 법원이 아닌 행정기관이 부과할 수 있는 것인지, 추상적인 '재범의 위험성' 예방, '건전한 사회복귀' 촉진 등을 근거로 사상범에게 자유제한처분을 내리는 것이 양심과 사상의 자유를 침해하는 것은 아닌지, 시민의 과거의 행위를 이유로 미래를 통제하는 것은 정당한 것인지 등이 비판의 핵심이었다.

앞으로는 먼저 우리 역사에서 사상전향제가 어떻게 탄생하고 운영되었다가 폐지되었는지를 검토한다. 사상전향제 자체는 폐지되었지만 이 제도의 역사를 검토하는 것은 우리 사회에 여전히 존재하는 빨갱이 콤플렉스, 사상공포증의 배경을 알기 위해 필요하다. 이어 현재 운영되고 있는 사상범에 대한 보안관찰이 어떠한 문제를 가지고 있는지를 살펴보기로 한다.

2. 사상전향제의 역사와 논리

(1) 일본 제국주의하의 사상전향제와 보호관찰제

준법서약제와 보안관찰처분의 뿌리는 일제 강점기로 거슬러올라간다. 1920년대 말 일제는 조선을 대륙 침략의 병참 기지로 삼고 여러 조치를 취한다. 1928년 여름부터 6개의 독립수비대와 사상탄압을 전문으로 하는 '고등계 경찰'을 설치하고, 각 재판소에 '사상검사'를 배치한다. 그리고 일본 국내에서 '사상국난(思想國難)'의 구호 아래 대대적으로 좌파 인사들을 탄압하면서, 1928년 6월 29일 칙령 제129호로 반제운동세력에 사형을 부과할 수 있도록 치안유지법을 개정하고, 1931년 3월 27일에는 사법차관 통첩 제270호에 의해 사상 전향제도를 정식으로 도입한다.[19]

1931년 4월 총독부 지시 아래 각 도의 경찰부가 작성한 '요시찰인 취급내규 시행세칙'을 보면, "상습적으로 도당을 만들어 집단적인 위력을 악용할 우려가 있는 자", "다른 사람의 소송사건이나 분쟁에 개입하여 관여하려는 자", "불온행위 또는 불온문서·도서를 밀매·반포하려는 자" 등을 요시찰 인물로 규정하고, 이들에 대하여 범죄 및 기타 부정행위 유무, 생업의 유무와 자산수입 상황, 가정 상황과 세평, 교제 인물과 출입자 등 모든 사생활을 고등경찰과가 철저히 감시해 매월 1~2회씩 해당 경찰서장에게 보고하도록 하고 있다.[20]

한편 일제는 반제혁명운동의 정신을 완전히 압살할 목적으로, 1936년 5월 공포해 11월부터 시행한 사상범보호관찰법을 조선에 들여와 1936년 12월 제령 조선사상범보호관찰령으로 시행한다. 이 제령의 목적은 치안유지법 위반자 가운데 기소유예, 집행유예, 가출옥, 형집행종료가 된 사람들의 사상과 행동을 감시하는 것이었다. 보호관찰 결정은 법원이 아닌 보호관찰심사회에서 내렸으며(제1조), 필요시에는 심사회의 결의 이전에도 가능하게 했다(제6조). 그리고 보호관찰을 담당할 조직으로 전국 7개소에 보호관찰소를 만들었다.[21]

이에 따라 좌파와 우파를 막론하고 전향하지 않은 사람들은 사상범이라 하여 보호관찰 대상이 되었고, "국체(國體)의 본의"를 체득할 것을 강요당했다. 당시 일제는 이 사상범들을 '개전 상태'에 따라 '완전전향'(모든 혁명사상을 버린 자), '준전향'(혁명사상의 방기 여부가 모호한 자), '비전향'(혁명사상을 버리지 않은 자)으로 나누었다. 이때 전향의 기준은 1933년 사법성 형사국장 통첩 '치안유지법 위반 수형자에 대한 조사 방법의 건'에 의하면 "국체변혁사상·혁명사상 방기 여부"였다. 그리고 전시 파쇼 체제가 강화되고 소위 '황국신민화'정책이 실시되자 "일본정신을 체득하여 실천궁행하기에 이르는" 것을 전향의 최종 단계로 삼았다.[22] 요컨대 사상범이 일체의 반제사상을 버릴 뿐 아니라 일상생활에서도 철저한 황국 신민이 되지 않는다면, 형기가 끝났다 하더라도 보호관찰 대상이 되어 항시적 감시 아래 놓이는 것이다.[23] 여기서 현행 보안관찰법상의 보안관찰처분이 바로 일제 강점기 보호관찰의 후예임을 쉽게 알 수 있다.

한편 중일전쟁 이후인 1938년 7월 총독부는 보호관찰소를 중심으로 사상전향자를 모아 '시국대응 전선(全鮮)사상보국연맹'을 결성한다. 신궁 참배, 황군 위문, 국방헌금 등을 수행하고, 사상전향자의 좌담회, 강연회 등을 개최하기 위해서였다. 그러다가 1941년에는 사상보국연맹을 해체하고 각 지부에 독립된 재단법인 '대화숙(大和塾)'[24]을 만들어 보호관찰소의 외곽 단체로 만들었다. 그리고 보호관찰소장이 숙장으로서 직접 지도를 맡아 사상전향을 한층 강제했다. 여기서 대상자는 '보호사'[25]의 인솔하에 입숙한 후 보호사와 침식을 같이하면서 군대식 기율로 '황민 훈련'을 받았다.

태평양전쟁 시기에 일제의 패망이 목전에 다가오면서 사상통제는 발악적 양상을 띤다. 1942년 8월 일본 정부 각의는 '사상범에 대한 근본대책의 요강'을 결정하고, 비전향 사상범에 대한 예방구금을 결정했다. 조선에서는 이보다 앞서 비전향 사상범을 사회에서 격리하기 위해 1941년 2월 조선 사상범예방구금령을 제정·실시했고, 경성 서대문구치소에 예방구금소를 두어 대상자를 강제 수용했다. 그리고 일제는 1941년 3월 8일 법률 54호로 치안유지법을 개정하면서 예방구금제도를 편입했다. 예방구금이란 기존의 보호관찰제도와 맞물려 전향을 거부한 사상범을 감시하고 통제하는 것이다. 만기출옥한 사상범은 보호관찰소의 감시 아래 놓이고, 완전전향을 해야만 여기서 벗어날 수 있었다. 만약 이전에 말한 것과 어긋나는 행동을 하면 예방구금에 처해졌으며, 비전향 사상범은 언제든지 예방구금에 처해질 수 있었다. 그리고 재감 중 전향의 징후가 보이지 않는 사상범은 형기 만료 후 즉시 예방구금소로 보내졌다.

이 파쇼적 제도로 인해 많은 인사들이 옥중에서 전향을 하고 민족해방운동 대열에서 탈락하게 되었다. 바로 이 일제의 예방구금제도가 1988년 폐지된 사회안전법상의 보안감호처분의 뿌리다.

(2) 해방 후 국민보도연맹의 비극—예비검속과 '골로 보내기'

해방 후 1948년 12월 1일 국가보안법이 제정된 지 얼마 되지 않은 1949년 4월 21일, 이승만 정부는 '국민보도(保導)연맹'을 결성한다. 이 단체는 좌익운동을 하다가 전향한 사람을 '보호'하고 '지도'한다는 명목으로 만들어졌지만, 실제 목적은 이들을 지속적으로 감시함과 동시에 이들로부터 좌익운동을 분쇄하기 위한 정보를 빼내는 등 이들을 반공투쟁을 위해 활용하는 것이었다. 전향자들은 이 단체에 가입해 같은 세포에서 활동했던 사람들의 이름을 기재한 자백서를 제출해야 했으며, 이 내용은 이후 1년 동안 검열되었다.[26] 여기서 이 단체의 목적이 일제하에서 만들어진 '시국대응 전선사상 보국연맹'과 기본적으로 동일함을 알 수 있다.

국민보도연맹은 대한민국 정부 절대 지지·육성, 북한 정권 절대 반대·타도, 공산주의 사상 배격·분쇄, 남·북로당의 멸족파괴정책 폭로·분쇄 등을 주요 강령으로 삼고 정부의 지도를 받으며 활동하면서, 한국전쟁이 발발하기 전까지 남한 내에서 좌파운동의 조직기반이 와해되는 데 중요한 역할을 했다. 그런데 조직 확장을 위하여 각 지방행정구역 단위당 할당제가 실시됨으로써 좌익운동과 무관한 사람들도 이 단체에 이름을 올리게 되었다.[27] 영화 〈태극기 휘날리며〉(2003) 의 여주인공 영신도 이렇게 국민보도연맹에 가입한 것이다.

한편 이승만 정부는 국민보도연맹을 조직하면서 유사시 이들에 대한 구금을 예정하고 있었다. 1949년 12월 19일 국가보안법이 개정되는데, 개정된 국가보안법 제2장은 '보도구금(保導拘禁)'제도를 규정하고 있었다. 동법은 반국가범죄에 대한 사건의 심판을 단심제로 하면서(제11조), 법원의 판단에 따라 피고인에 대해 형의 선고를 유예하는 동시에 피고인을 보도구금에 처할 수 있도록 했다(제12조). 보도구금에 처한 자는 보도소에 수용하는데(제14조), 그 기간은 2년이지만, 특히 계속할 필요가 있다고 인정하는 때는 검사의 청구에 의해 법원의 결정으로써 갱신할 수 있도록 하고 있었다(제15조). 여기서 유신체제가 등장한 이후 사회안전법에 의해 도입된 보호감호처분의 예고편을 볼 수 있다.

그런데 한국전쟁이 발발하자 정부는 '국민보도연맹' 내에 위장 전향자가 있을 수 있고, 이들이 북한에 동조할 가능성이 있다는 의심을 갖게 되었다. 정부는 군대와 경찰을 동원해 이들을 '예비검속'한 후, 전국의 감옥이나 산골짜기에서 집단으로 처형해버리고 만다. "골로 보낸다"라는 속어는 바로 이러한 참극 속에서 나온 말이다. 아직까지도 정확한 희생자 수는 밝혀지지 않았지만 적어도 20만 명에 이르는 것으로 추산되고 있다.[28]

(3) 권위주의 체제하의 사상전향제도와 사회안전법에 의한 보안
감호

이데올로기의 대립이 동족 간의 살육으로 이어졌던 한국
전쟁이 끝나자, 남한 사회는 더욱 강고한 반공 이데올로기
가 지배하게 된다. 이러한 사회 분위기 속에서 감옥에 갇혀
있던 좌익수에게 사상의 자유가 보장될 리 만무했다. 특히
1960년 4월 혁명 이후 감옥에 갇혀 있던 좌익수들의 형이 무
기형에서 20년형으로 감형되자 이들이 전향하지 않은 채 출
소할 시기가 다가오자 유신정권은 새로운 방안을 모색한다.

1973년 3월 유신정권은 '전향공작 전담 교회사(敎誨師)'를
공개 채용한다. 이들은 초급대졸 이상 학력을 가진 자 중에
서 채용되었는데, 좌익수가 있는 광주, 전주, 대전, 대구교도
소에 배치돼 교무과 지도하에 전향공작 업무를 진행했으며,
교도소마다 파견된 중앙정보부 기관원들이 이들을 지도·관
리했다. 그리고 1973년 8월 2일자 법무부 예규인 '좌익수형
자 전향공작 전담반 운영지침'에 따라 '전향공작 전담반'이
운영되는데, 이 조직에는 공개 채용된 사람 외에도 폭력사범
등이 포함되어 비전향좌익수의 전향을 강요하는 데 활용되
었다.

2000년 발족해 활동한 의문사 진상규명 위원회는 1974년
대전교도소 수감 중 사망한 박융서, 최석기 사건과 1976년
대구교도소에서 사망한 손윤규 사건을 조사한 후, 공권력이

비전향좌익수인 이들을 강제 전향시키려고 상습적으로 폭행했고, 이러한 폭행이 이들의 사망 원인이 되었다고 발표한 바 있다. 특히 최석기의 사망은 "떡봉이"로 불리던 폭력전과자를 활용한 폭행치사의 경우다. 최 씨는 1949년 3월 월북한 후 1968년 4월 12일부터 대전교도소에서 수형생활을 시작했는데, 1974년 4월 4일 오후 격리사동으로 옮겨진 후 폭력사범 조 모 씨에 의해 입에 수건이 물린 채 몸 전체에 바늘이 찔리는 등의 극심한 고문을 당한 직후 교도소 창살의 유리 파편으로 동맥을 끊어 자살했다. 최 씨가 사망한 대전교도소의 경우 전향공작 전담반은 교무과장 김 모 씨를 중심으로 3개 반으로 운영되었고, 각 반에 약 30여 명의 비전향좌익수 형자를 분류, 배당했으며, 교도소 측은 전향공작 전담반 소속 수인들이 비전향좌익수에게 전향서를 받아낼 경우, 감형시켜주는 특혜를 베풀었다. 실제 최 씨를 폭행한 조 모 씨는 '6명의 좌익수를 전향시킨 공이 크다'는 이유로 복역 도중 결혼식을 치르고, 출소 예정인 1977년보다 4년이나 먼저 출소하는 등 감형과 특혜를 누렸다.[29]

1975년 4월 30일 베트남에서 미국이 패퇴하자 박정희 정권은 연일 '총력안보 궐기대회'를 열고 반공 캠페인을 벌여나갔다. 5월 13일에는 급기야 악명 높은 긴급조치 제9호를 발동하기에 이른다. 이러한 분위기 속에서 유신정권은 이른바 전시 입법의 하나로 사회안전법을 국회에서 날치기 통과

시켰다.

사회안전법은 보안감호처분, 주거제한처분, 보호관찰처분이라는 세 가지 보안처분을 규정하고 있다. 보안감호처분은 교도소 안의 보안감호시설에 수감하는 처분이고, 주거제한처분은 일정 주거지역 외의 지역에 주거하지 못하도록 하는 제한 처분이며, 보호관찰처분은 주거지 제한은 없으나 주거하는 곳의 관할 경찰서장에게 일정 사항을 신고하고 그 지시에 따라 감시를 받아야 하는 처분이다. 이러한 보안처분의 면제 조건은 "반공정신이 확립되어 있을 것"(제7조 1항)이다. 이 세 가지 보안처분은 사상범에게 전향을 강제하고 활동을 통제하는 수단으로 사용되었고, 특히 보안감호는 전향을 거부하는 사상범을 '재범의 위험성'이 없을 때까지 무한정 구금하는 것이 가능하도록 하는 조치였다. 그리고 비전향사범은 특별 사동에 엄중독거 형태로 구금되었고, 수형자들의 행형 성적에 따라 가출옥을 시키는 누진처우제도도 적용되지 않았다. 1978년 제정된 '가석방심사 등에 관한 규칙' 제14조 2항은 국가보안법 위반 등 수형자에 관해서는 "특히 그 사상의 전향 여부에 대하여 심사하고 필요한 때에는 전향에 관한 성명서 또는 감상록을 제출하게 하여야 한다"고 규정하고 있었다.

이상의 내용에서 알 수 있듯이, 이 법은 앞에서 살펴본 일제의 조선사상범보호관찰령(1936)의 보호관찰제도와 1941

년 개정된 치안유지법 제3장 예방구금제도를 계승한 것이었다.

사회안전법에 대해서는 많은 비판이 제기되었다.[30] '재범의 위험성'에 대한 판단이 자의적으로 이루어진다는 점, 사실상의 형벌인 보안처분을 형기가 만료된 사상범에게 또 부과한다는 것은 동일한 범죄에 대해 거듭 처벌받지 않는다는 '일사부재리' 원칙에 배치된다는 점, 보안처분 기간이 2년이지만 검사의 청구로 갱신할 수 있고(제8조), 또 갱신 횟수에 제한이 없으므로 위험성이 있다고 판단되는 한 처분은 얼마든지 연장될 수 있으므로 이는 사실상 '절대적 부정기형(不定期刑)'이라는 점, 보안처분의 처분권자는 법무부장관인데(제7조 4항) 이는 사상범에게서 법원의 재판을 받을 권리를 박탈하는 것이라는 점 등이 지적되었다.

사회안전법 폐지 투쟁의 상징이었던 서준식의 말을 빌리면, 사상전향제는 "인간의 가장 깊은 성역에 대한 국가권력의 폭력적 침입이며, 극에 달한 정치적 폭력의 한 표현"[31]이었으며, 특정 사상이나 신념을 강제로 포기하게 하여 "정치범들을 정치적·정신적으로 병신을 만들기 위해 만든 제도"[32]였다. 서 씨는 이른바 '재일동포 모국 간첩단' 사건(1971년 4월)으로 체포·구속되어 7년형을 선고받고 1978년 5월 27일 형을 다 마쳤음에도 불구하고 그 후 10년이나 더 갇혀 있어야 했다. 전향을 거부한다는 이유로, 체포 당시는 물론 재판

과정에서도 존재하지 않았던 사회안전법이 소급 적용되어 계속 보안감호를 받아야 했던 것이다. 그는 1988년 5월 25일이 되어서야 비로소 옥문을 나설 수 있었다. 1983년 서 씨는 자신의 옥중 진술서에서 다음과 같이 절규했다.

> 현대 법치국가의 한복판에 어두운 '중세'가 끈질기게 살아 있습니다. 사상범에 대한 '전향성명제도'는 고속도로 시대의 '십자가 밟기'요, 사회안전법에 의한 사상범 심판은 고층빌딩 시대의 '이단심문'입니다.33

그럼에도 대법원은 1997년, 사회안전법이 전향 여부를 보안처분 면제 요건 또는 보안처분 기간의 갱신 여부 판단 기준으로 삼는 것이 양심과 사상의 자유를 침해하는 것은 아니라고 판시했다. "보안처분의 면제 요건으로 '반공정신이 확립되었을 것'을 규정하고 있다거나 보안처분 기간의 갱신 여부를 결정함에 있어 처분 대상자의 신념이나 사상을 신문하고 전향의 의사를 확인하는 것은 그 대상자가 같은 법(사회안전법) 제6조 제1항 소정의 '죄를 다시 범할 현저한 위험성'의 유무를 판단하기 위한 자료를 수집하는 과정에 불과할 뿐 전향의 의사를 강요하는 것이 아니므로 이를 두고 양심의 자유를 보장한 헌법 규정에 반한다고 볼 수 없다"는 논리였다.34

사상전향제가 전향의 의사를 강요하지 않았다는 대법원의 단언은 도무지 이해할 수 없는 억지소리였다. 사상전향서를 제출하지 않으면 법원에 의해 선고된 형기를 다 마치고 난 후에도 보안감호의 이름 아래 영구히 수감생활을 해야 하는 상황을 만들어놓고서, 어떻게 사회안전법은 사상전향을 강요하지 않았다고 말할 수 있는가? 이러한 주장은 양심과 사상의 자유의 의미를 전혀 이해하지 못하거나 고의적으로 외면하는 태도에서 나온 것이라고밖에는 평가할 수 없다.

김대중 정부 출범 이후 1998년 정부 수립 50주년을 기념한 사면·복권을 계기로 사상전향제는 폐지되었다. 대법원이 사상전향제가 합헌이라고 판결한 지 1년 만에 대법원의 단견이 확인되던 순간이었다. 당시 박상천 법무부장관은 사상전향제의 문제점을 다음과 같이 밝혔다. 첫째, 사상전향제는 사상범들에게 전향서를 쓰는 형태로 내심의 사상을 포기하는 것을 외부에 표명하도록 요구하고, 이를 거부할 때 교도소에서의 처우를 달리한다는 점에서 양심 보유의 자유, 침묵의 자유를 침해한다. 둘째, 유엔인권위원회를 비롯해 세계 각국의 인권단체들이 지속적으로 한국의 사상전향제를 비인도적 제도라고 비판하고 있는바, 사상전향제는 인권국가로서의 한국의 이미지를 훼손해왔다. 셋째, 사상의 전향은 사람 마음속의 일로서 강요한다고 되는 것이 아니고 진실성 여부를 외부에서 알기도 어렵기 때문이며 실효성이 없다는 것이다.[35]

한편 1988년 사회안전법은 폐지되었으나, 북한이 파견한

간첩 또는 '정치공작원'들은 폐지 당시 석방 대상에서 제외되었다. 따라서 세계 최장기수 김선명(1995년 8월 15일 석방 당시 43년 10개월 구금) 등 비전향장기수들은 김영삼 정부가 들어설 때까지 투옥되어 있어야 했다. '남아공 공산당'까지 끌어안으며 백인전제정부에 맞서 무장투쟁을 전개했던 남아프리카 공화국 전대통령 만델라가 27년 동안 수감되었다는 사실에는 주목하면서, 바로 이 땅에서 43년 동안 0.75평 좁은 공간에 갇혀 있어야 했던 장기수의 존재는 왜 잊어버렸던가? 살인범, 강도범 등의 경우 무기징역을 선고받더라도 15~17년 정도 복역하면 누진처우제도의 혜택을 받고 석방되는 것이 보통인데, 전향을 하지 않았다는 이유만으로 수십 년의 감옥 생활을 치러내야 했던 야만의 시절이었다.

그런데 이러한 야만의 상징인 사회안전법은 폐지되었으나 동법상의 보호관찰처분은 사라지지 않았다. 1989년 제정된 보안관찰법상의 보안관찰처분으로 이름만 바뀌어 살아남은 것이다.

(4) 준법서약제—저강도 사상전향제

침묵의 자유를 전면적으로 부정하고 인간의 내면을 강제로 바꾸려 했던 사상전향제가 공식적으로 폐지된 것은 우리 사회의 인권 수준을 높이기 위한 중요한 한 걸음이었다. 그런데 김대중 정부는 사상전향제의 대체물로 준법서약제를 도입한다. 1998년 개정된 '가석방심사 등에 관한 규칙' 제14조 제2항은 "국가보안법 위반, 집회 및 시위에 관한 법률 위반 등의 수형자에 대하여는 가석방 결정 전에 출소 후 대한민국의 국법질서를 준수하겠다는 준법서약서를 제출하게 하여 준법의지가 있는지 여부를 확인하여야 한다"라고 규정했다.

당시 정부의 입장은 준법서약제를 도입한 박상천 법무부 장관의 말에서 잘 드러난다. 즉 사상전향제는 위헌의 소지가 있었으나 준법서약제는 다르다. 왜냐하면 준법서약서 제출은 대상자의 사상을 바꾸라는 요구가 아니고 향후 대한민국의 현행 법률을 지키겠다는 뜻을 확인하는 절차일 뿐이므로 양심과 사상의 자유를 침해하지 않기 때문이다. 그리고 국법을 지키겠다는 약속은 부끄러운 일이 아니며, 이 약속도 하지 않는다면 사실상 무정부 상태가 되므로 일단 만들어진 실정법은 자기가 동의하지 않더라도 지켜야 한다는 것이다.[36]

한편 2002년 헌법재판소도 준법서약제가 합헌이라고 결정한다.[37] 즉 준법서약은 내용상 단순히 국법질서나 헌법 체제를 준수하겠다는 취지의 서약을 할 것을 요구하는 것으로 "국민이 부담하는 일반적 의무를 장래에 향하여 확인하는 것에 불과"하며 "어떤 구체적이거나 적극적인 내용을 담지 않은 채 단순한 헌법적 의무의 확인·서약에 불과"하다 할 것이어서 양심의 영역을 건드리는 것은 아니라는 것이다. 그리고 수형자가 준법서약서의 제출을 요구받았다 하더라도 자신의 의사에 따라 준법서약서의 제출을 거부할 수 있으며 가석방 등은 교정정책과 형사정책적 판단에 따라 수형자에게 주는 "은혜적 조치일 뿐" 권리가 아니므로 준법서약서 제출을 거부하는 수형자는 가석방 등의 혜택을 받을 수 없게 될 것이지 더 이상 법적 지위가 불안해지지는 않는다고 덧붙였다.[38]

인권운동가나 양심수들은 강력하게 반발했다. 1985년 이른바 '구미유학생 간첩단' 사건으로 구속되어 13년 8개월 만에 출소한 강용주는 다음과 같이 말하며 준법서약서를 거부했다.

> 정부는 전향은 안 해도 되지만 "대한민국을 인정하고 사회질서를 지키겠다는 준법서약"을 해야만 한다고 했다. 하지만 나는 그러한 서약을 할 수 없었다. 내가 설령 더 이상 혁명가가 아니고 실천적 휴머니스트 내지는 인권운동가라고 하더라도 내 마음속에 있는 것을 권력 앞에 게워낼 필요는 없는 법이다.[39]

그렇다면 준법서약제는 어떠한 문제를 안고 있었던가? 첫째로 준법서약제는 그 이전의 사상전향제보다는 강도가 낮지만 대상자의 양심과 사상의 자유를 침해할 수밖에 없었다. 2002년 헌법재판소 결정에서 소수의견을 냈던 김효종·주선회 두 재판관은 준법서약제가 위헌이며 양심의 자유, 특히 침묵의 자유를 침해하는 것임을 강조했다.

준법서약서제도는 수형자의 양심의 표명을 직접적으로 강제하지는 않지만, 신체의 자유의 회복 혹은 영원한 감옥생활이라는 중대한 개인의 법적 이익이 걸린 수형자로 하여금 준법서약서를 쓰도록 사실상 강요하는 효과를 지닌 것이다. 이는 국가가 간접적인 강제로써 수형자의 양심(사상, 신조)을 표명하게 하는 것에 다름 아니다. 또한 준법서약서를 쓰지 않더라도, 이는 당연한 귀결로서 준법에의 의지가 없음을, 즉 자신의 신조 또는 사상을 그대로 유지한다는 것을 소극적으로 표명하게 된다는 점에서 침묵의 자유에 대한 제약이 되는 것이다. 그러므로 준법서약서제도는 '안 쓰고 가석방 안 받으면 되는' 간단한 문제로 볼 수 없으며, 헌법 제19조의 양심의 자유의 보호영역 내에 포섭되어야 마땅한 영역인 것이다. 만일 종교적 이유로 수감된 수형자에게 십자가를 밟으면 가석방 시켜준다고 했을 때, 이를 단순히 법적 불이익이 없는 것이기 때문에 양심의 자유와 무관하다고 할 수 있을 것인지 의문이다.[40]

둘째, 시민이 현행법을 지키는 것은 당연하므로 아무 문제가 되지 않는다는 논리에는 함정이 있다. 왜냐하면 준법서약서가 요구되는 국가보안법 또는 집회 및 시위에 관한 법률 위반으로 투옥된 공안사범 대부분은 이 법률을 대표적인 악법으로 생각한다. 그들은 자신의 양심과 사상에 따라 이 법률을 정당한 법으로 인정하지 않는다. 따라서 "법을 지키겠다"라는 추상적인 서약은 실제 공안사범에게는 국가보안법이나 집회 및 시위에 관한 법률을 정당한 법으로 인정하고 이 법률의 요구에 따르겠다는 약속이 될 수밖에 없고, 이는 필연적으로 양심과 사상의 자유를 침해한다.

"대한민국의 국법질서를 준수하겠다"는 서약도 마찬가지다. 공안사범들은 현재의 대한민국 국법질서, 즉 '자유민주적 기본 질서'에 비판적인 태도를 취하고 있는 경우가 많다. 그런데 이들에게 자유민주적 기본 질서를 지킬 것을 요구하고, 이를 거부할 경우 석방하지 않는다면 이 역시 양심과 사상의 자유를 훼손하는 것이다. 공안사범이 자유민주적 기본 질서에 '명백하고 현존하는 위험clear and present danger'을 야기하지 않은 이상[41], 비판적 입장을 견지하는 것은 양심과 사상의 자유의 범위 안에 있기 때문이다. 이러한 맥락에서 준법서약서를 쓰는 것이 "하나도 부끄러운 일이 아니다"라는 박 전장관의 단언은 일면적이다. 오히려 준법서약서는 "항복문서"[42]로 비쳤던 것이다.

셋째, 준법서약제는 형평성에 문제가 있었다. 형사사법 체제는 절도범, 사기범 같은 범죄인에게 준법서약을 요구하지 않는다. 그리고 전두환, 노태우 등 국가의 안전에 심각한 위해를 끼친 내란 종사자나 국민경제에 중대한 해악을 끼친 경제사범도 준법서약 없이 석방된 바 있다. 또 이전 정권 아래에서도 전향서나 반성문을 받지 않고 양심수를 석방한 사례가 여러 번 있었다. 사회안전법이 폐지되면서 보호감호처분을 받던 50여 명이 사상전향 없이 석방되었고, 1998년의 3·13 사면에서도 세계 최장기 복역수 김선명 등은 조건 없이 석방되었으며, 1999년 2·25 사면 때는 당시까지 교도소에서 비전향으로 있던 우용각 등 장기수 50여 명이 역시 조건 없이 풀려났다. 이상의 관점에서 볼 때 준법서약제는 법 앞의 평등 원칙을 침해하는 것이었다.

사상전향제는 자신의 사상을 포기하는 데 만족하지 않고 적극적으로 반공정신을 확립할 것을 요구하는 것이지만, 준법서약제는 이를 요구하지는 않는다는 점에서 차이가 있다. 그러나 준법서약제 역시 석방을 미끼로 내면에 형성된 사상을 외부에 표현하게 하고, 이를 거절하면 "빨갱이니까 안 쓰는 것이다"로 단정하고 불이익을 준다는 점에서 여전히 침묵의 자유를 부정하는 제도다. 이러한 문제가 있기에 유엔인권위원회도 한국 정부의 유엔인권규약 준수 보고서를 평가하는 1999년의 '최종 의견'에서 준법서약제 폐지를 촉구했던 것이다.[43]

이러한 맥락에서 2003년 노무현 정부가 '가석방심사 등에 관한 규칙' 제14조 제2항을 삭제하고 준법서약제를 폐지한 것은 양심과 사상의 자유의 발전에 중요한 기여다. 이를 두고 보수 진영에서는 노무현 정부를 '좌경'이라고 비판한다.

그러나 노무현 정부가 준법서약제를 폐지한 것은, 양심과 사상의 자유는 체제 옹호자만이 아니라 체제 반대자에게도 보장되어야 한다는 2002년 헌법재판소 결정의 소수의견이 사후적으로 정부 내에서 승리를 거두었기 때문이었다. 향후 우리 사회에서 준법서약제라는 저강도 사상전향제가 다시 부활하지 않기를 소망하며, 헌법재판소의 소수의견을 한 번 더 인용한다.

물론 폭력적 방법으로 정부를 전복할 권리는 누구에게도 보장되어 있지 않다. 그러나 그러한 사고가 개인의 내면에 머무는 한, 이를 고백하게 하거나 변경하게 하는 것은 양심의 자유를 침해하는 것이다. 그런데 준법서약서 제출이 특정한 세계관이나 이데올로기를 지닌 수형자의 내심의 신조를 변경할 것을 사실상 또는 간접적으로 강요하는 결과가 생긴다 하더라도 이를 양심의 자유의 침해가 아니라고 할 수 있을 것인가…. 아무리 자유민주주의의 반대자라 하더라도, 그 표현된 행위가 공익에 적대적일 경우에만 정당한 제재를 가할 수 있다. 따라서 국가는 폭력적인 국가전복을 시도하는 극단적 공산주의자들로부터 스스로를 보호해야 하지만, 한편 공산주의보다도 인권보장에 있어 우월한 자유민주주의 체제하에서는, 설령 그러한 자들의 "행위"를 법적으로 처벌할 수는 있어도, 그들로 하여금 여하한 직·간접적인 강제수단을 동원하여 자신의 신념을 번복하게 하거나, 자신의 신념과 어긋나게 대한민국 법의 준수의사를 강요하거나 고백시키게 해서는 안 될 것이다.[44]

3. 보안관찰처분—사상범에게 강제되는 '창살 없는 감옥살이'

(1) 보안관찰처분의 요건·절차와 내용

앞에서 말했듯이 1988년에 사회안전법은 폐지되었으나, 동법상의 보호관찰처분은 1989년 제정된 보안관찰법상의 보안관찰처분으로 계승된다. 이 제도는 전향이나 준법서약서제도처럼 사상범의 내심을 직접적으로 관여·침해하지는 않는다. 그러나 이 제도는 특정 사상을 가졌다고 판단되는 사람에게 각종 제약을 부과하고 있다. 그렇다면 보안관찰처분의 요건과 절차, 내용은 무엇인지 보안관찰법과 그 시행령을 중심으로 살펴보자. 딱딱한 법조문이지만 찬찬히 읽어보기만 하면 보안관찰법이 사상범에게 어떠한 멍에가 되는지 알 수 있을 것이다.[45]

먼저 보안관찰법 제2조가 열거하는 보안관찰 해당 범죄는 내란 목적의 살인죄(형법 제88조) 및 그 미수범과 예비·음모·선동·선전죄(동법 제87조), 외환유치죄(동법 제93조), 간첩죄(동법 제98조), 군형법상의 반란죄(군형법 제5조 내지 제8조·제9조 제2항) 및 이적의 죄(동법 제11~16조), 국가보안법상의 반국가단체 목적 수행죄(국가보안법 제4조), 자진지원 금품 수수죄(동법 제5조), 잠입·탈출죄(동법 제6조), 편의 제공죄(동법 제9조) 등이다.[46] 그리고 보안관찰법 부칙 제2조는 옛 국가보안법, 반공법, 옛 국방경비법, 옛 해안경비법 등을 위반한 범죄를 보안관찰 해당 범죄에 추가하고 있다.

보안관찰법상 보안관찰처분 대상자는 보안관찰 해당 범죄 또는 이와 경합된 범죄로 금고 이상의 형을 선고받고 형기 합계가 3년 이상인 자로서 형의 전부 또는 일부를 집행받은 사실이 있는 자를 말한다(보안관찰법 제3조). 보안관찰 처분 대상자 중에서 보안관찰 해당 범죄를 다시 범할 위험성이 있다고 인정할 만한 충분한 이유가 있어 재범 방지를 위한 관찰이 필요한 자에 대해서는 보안관찰처분을 한다(동법 제4조). 보안관찰처분 청구는 검사가 행하며(동법 제7조), 법무부장관은 검사의 청구가 있을 때 '보안관찰처분 심의위원회'의 의결을 거쳐 보안관찰처분의 부과 또는 취소 등의 결정을 내린다(동법 제14조 1항). 보안관찰처분 기간은 2년이며(동법 제5조 1항), 이 기간은 검사의 청구가 있을 때 보안관찰처분 심의위원회의 의결을 거쳐 갱신할 수 있다(동법 제5조 2항). 보안관찰을 갱신할 때 그 이유가 무엇인지는 보안관찰 대상자에게 통지되지 않는다. 그리고 갱신 과정에서 보안관찰 대상자의 의견 진술 또는 항변의 기회는 마련되어 있지 않다.

보안관찰처분 대상자와 피보안관찰자는 모두 일정한 신고 의무를 지며, 이 의무를 이행하지 않을 경우 형사처벌을 받는다.[47] 먼저 보안관찰처분 대상자는 교도소 등에서 출소하기 전에 거주 예정지와 기타 대통령령으로 정하는 사항을 교도소 등의 장을 경유해 거주 예정지 관할 경찰서장에게 신고해야 한다. 신고해야 할 내용은 다음과 같다. ①원적, 본적, 주거, 성명, 생년월일, 성별, 주민등록번호 ②가족 및 교우관계 ③입소 전 직업, 본인 및 가족의 재산 상황 ④학력, 경력 ⑤종교 및 가입한 단체 ⑥병역관계 ⑦출소 예정일 ⑧출소 후의 거주 예정지 및 도착 예정일 ⑨보안관찰 해당 범죄사실의 요지, 판결 법원, 판결 연월일, 죄명, 적용 법조, 형명, 형기 ⑩ 보안관찰범죄 외의 전과관계 ⑪국내에 가족이 없는 등의 이유로 법무부장관의 결정으로 거소 제공을 받은 경우는 거소 제공 결정 일자와 제공된 사회복지시설의 명칭과 소재지(동법 시행령 제6조 1항), 그리고 출소 후 7일 이내에 거주 예정지 관할 경찰서장에게 출소 사실을 신고해야 하며(동법 제6조 1항 후단), 출소한 후 출소 전 신고 사항에 변동이 있을 때는 변동이 있는 날부터 7일 이내에 변동된 사항을 관할 경찰서장에게 신고해야 한다(동법 제6조).

한편 보안관찰처분을 받은 자, 즉 피보안관찰자는 보안관찰처분 결정 고지를 받은 날부터 7일 이내에 다음의 사항을 주거지를 관할하는 지서 또는 파출소의 장을 거쳐 관할 경찰서장에게 신고해야 한다. ①원적, 본적, 주거, 성명, 생년월일, 성별, 주민등록번호 ②가족 및 동거인 상황과 교우관계 ③직업, 월수, 본인 및 가족의 재산 상황 ④학력, 경력 ⑤종교 및 가입한 단체 ⑥직장의 소재지 및 연락처 ⑦보안관찰처분 대상자 신고를 행한 관할 경찰서 및 신고 일자 ⑧기타 대통령령이 정하는 사항(동법 제18조 1항). 여기서 8호의 대통령이 정하는 사항은 ①국외여행관계 ②보안관찰처분 결정 일자 또는 기간 갱신 일자 ③보안관찰처분 대상자 신고 후에 범한 전과관계 ④거소 제공을 받은 자의 거소 제공 결정 일자와 제공된 사회복지시설의 명칭 및 소재지 등이다.

피보안관찰자는 보안관찰처분 결정 고지를 받은 날이 속한 달부터 매 3월이 되는 달의 말일까지 다음의 사항을 지·파출소장을 거쳐 관할 경찰서장에게 신고해야 한다. ①3개월간의 주요 활동사항 ②통신·회합한 다른 보안관찰처분 대상자의 인적사항과 그 일시, 장소 및 내용 ③3개월간에 행한 여행에 관한 사항(신고를 마치고 중지한 여행에 관한 사항을 포함한다) ④관할 경찰서장이 보안관찰과 관련하여 신고하도록 지시한 사항(동법 제18조 2항). 피보안관찰자는 위의 신고 사항에 변동이 있을 때에는 7일 이내에 지·파출소장을 거쳐 관할 경찰서장에게 신고해야 한다(동법 제18조 3항 전단).

피보안관찰자가 주거지를 이전하거나 국외여행 또는 10일 이상 주거지를 이탈하여 여행하고자 할 때는 미리 거주 예정지, 여행 예정지 그리고 기타 대통령령이 정하는 사항을 지·파출소장을 거쳐 관할 경찰서장에게 신고해야 한다(동법 제18조 4항). 신고시에는 다음의 사항을 기재하여 제출해야 한다. ①주거지 이전의 경우, 이전 예정지/이전 예정일/이

전 사유/기타 필요한 사항 ②국외여행의 경우, 여행 대상국/여행 목적/여행 기간/동행자/여권의 종류 및 여권번호/기타 필요한 사항 ③국내여행의 경우 여행 목적지/여행 목적/여행 기간/동행자/기타 필요한 사항(동법 시행령 제24조 2항).

한편 검사 및 사법경찰관리는 피보안관찰자의 "재범을 방지하고 건전한 사회 복귀를 촉진"하기 위해 다음과 같이 지도할 수 있다. ①피보안관찰자와 긴밀한 접촉을 가지고 항상 그 행동 및 환경 등을 관찰하는 것 ②피보안관찰자가 신고사항을 이행하는 데 적절한 지시를 하는 것 ③기타 피보안관찰자가 "사회의 선량한 일원이 되는 데 필요한 조치"를 취하는 것(동법 제19조 1항, 강조는 인용자). 그리고 검사 및 사법경찰관은 피보안관찰자의 재범 방지를 위해 특히 필요한 경우에는 다음의 조치를 할 수 있다. ①보안관찰 해당 범죄를 범한 자와의 회합·통신을 금지하는 것 ②집단적인 폭행, 협박, 손괴, 방화 등으로 공공의 안녕질서에 직접적인 위협을 가할 것이 명백한 집회 또는 시위 장소에의 출입을 금지하는 것 ③피보안관찰자의 보호 또는 조사를 위해 특정 장소에의 출석을 요구하는 것(동법 제19조 2항).

보안관찰처분이 면제되기 위해서는 ①준법정신이 확립되어 있을 것 ②일정한 주거와 생업이 있을 것 ③대통령령이 정하는 신원보증이 있을 것 등의 요건이 갖추어져야 한다(동법 제11조 2항). 면제 결정은 검사가 청구할 수도 있고(동법 제

11조 3항), 보안관찰처분 대상자도 면제 결정을 신청할 수 있는데(동법 제11조 2항), 후자의 경우 신청자는 관할 경찰서장에게 ①법령을 준수할 것을 맹세하는 서약서 ②주민등록표등본과 기타 주거가 일정함을 인정할 수 있는 서류 ③재직증명서나 기타 생업이 일정함을 인정할 수 있는 서류 ④2인 이상의 신원보증인의 신원보증서 등의 서류를 제출해야 한다(동법 시행령 제14조 1항).

이상에서 보안관찰제도는 출옥한 사상범에게 보이지 않는 족쇄를 채우는 것임을 알 수 있다. 출옥 후 보호관찰이 부과된 대상자는 자신의 일거수일투족을 국가에 보고해야 하며, 국가가 요구할 때 항상 특정 장소로 출두해야 한다. 대상자는 과거의 동료를 만나거나 연락할 수 없으며, 집회 및 시위에 참석할 수도 없음은 물론이다. 그리고 국가는 대상자의 모든 행동을 긴밀하게 감시할 수 있고, 행동을 지시할 수 있다. 폐지된 사회안전법상의 보안감호처분이 형기를 마친 사상범을 무제한으로 구금할 수 있도록 했다면, 이를 대체한 보안관찰법상의 보안관찰처분은 형기를 마친 사상범을 구금시설 바깥으로 풀어놓되 눈에 보이지 않는 창살을 쳐놓으며 감시·통제하려 한 제도인 것이다.

(2) 보안관찰처분의 문제점

이상과 같은 보안관찰처분은 어떠한 문제점을 가지고 있

는가? 보안관찰처분은 이미 자신의 행위로 형기의 전부 또는 일부를 마친 자 중에서 '재범의 위험성'이 있다고 판단되는 자에게 부과된다. 1997년 헌법재판소는 이러한 보호관찰처분이 양심의 자유를 침해하지 않는다고 판결하면서, 그 근거로 "보안관찰처분은 보안처분 대상자의 내심의 작용을 문제 삼은 것이 아니라, 보안관찰처분 대상자가 보안관찰 해당 범죄를 다시 저지를 위험성이 내심의 영역을 벗어나 외부에 표출되는 경우에 재범의 방지를 위하여 내려지는 특별예방적 목적의 처분"이라는 점을 들고 있다.[48]

그러나 양심이 외부로 표출되는 경우 보안관찰처분을 내릴 수 있다는 논리는 양심과 사상의 자유를 침해할 수밖에 없다. 먼저 '재범 위험성'은 행위에 의해 구체화된 위험성이 아니라 추측된 위험성에 지나지 않는다. 그럼에도 헌법재판소의 논리에 따르면 반사회적 양심을 가지고 있다고 평가되면, 그 양심 표출 행위가 실정법에 위배되지 않는다 하더라도, 예컨대 합법적인 정치의사 표현이나 다른 사상범과의 만남 등은 자유 박탈 처분이 가능하다. 요컨대 보안관찰처분은 '행위의 반사회성'이 아니라 '내심의 반사회성'을 평가하여 부과되기 때문에 양심과 사상의 자유를 침해한다.[49]

1999년 서울고등법원은 서준식 '인권운동사랑방' 대표가 낸 '보안관찰처분 기간갱신처분 취소' 청구를 기각하면서, 다음과 같은 논거를 댔다. 즉 서 씨가 간첩죄 등으로 처벌받은 범죄사실이 중하다, 현재도 공산주의 사상을 갖고 있다고 추단된다, 서 씨가 주장하는 '악법' 중에 국가보안법이 포함되어 있어 국가보안법을 위반하는 것에 대해 전혀 거부감이 없는 것으로 보인다, 집회와 시위에 참가하는 등 국가보안법에 위반될 가능성이 있는 활동을 하고 있다는 등의 내용이었다.[50] 서 씨는 우리나라의 대표적인 인권운동가로, 국제적 인권단체 '휴먼 라이츠 워치Human Rights Watch'가 수여하는 헬만·함멧Hellman-Hammett상' 수상자요, 한국기독교교회협의회NCC가 수여하는 인권상 수상자이지만, 법무부의 눈에는 간첩 전력을 가진 불온분자에 지나지 않았다.

이번에는 '남한사회주의노동자연맹'(이하 '사노맹') 사건으로 복역하고 출소한 이은경, 정명섭 부부의 경우를 보자. 법무부가 이들에게 보안관찰처분을 내리면서 내세운 이유는, 현재까지 범행을 반성하지 않고 있다, 출소 후 기간이 일천하다, 젊고 활동 능력이 왕성하다, 사노맹 조직원이자 보안관찰처분 대상자들과 동거 중이다, 복역 중 국가보안법 철폐 등을 요구하며 수차례 단식한 사실이 있다, 소규모 일식집을 운영하나 불안정한 생활을 하고 있다, 장기간에 걸쳐 사회주의 혁명사상에 물들었던 자들로서 여건이 조성될 경우 재범의 우려가 있다는 것 등이었다.[51] 또 2000년 법무부가 현정덕(당시 '인권실천시민연대' 간사)에게 내린 보안관찰처분의 정당성을 주장하기 위해 제출한 문서는 황당하기까지 하다. 여기서 법무부는 "남한에서 겉으로는 통일이니 민주화니 외치며 노동운동이나 재야운동을 하면서도 속으로는 북한을 이롭게 하는 간첩 활동을 하는 사람이 많이 있다"며, "재야운동을 하고 있는 원고(현정덕)는 보안관찰의 지속적인 실시로 재범을 사전에 방지할 필요성이 있다"고 주장했다.52

요컨대 국가보안법 위반자가 출소하여 국가보안법을 비판하는 발언을 하거나 인권운동을 하는 등, 다시 국가보안법을 위반할 위험성이 있으므로 보안관찰처분을 내려야 한다는 것이다. 이는 시민의 마음속을 들여다보고 이를 근거로 제재를 가하는 전형적인 '심정형법(心情刑法)'의 논리다. 그러나 법학자 이승호가 정확히 지적한 것처럼, "사상범이나 확신범의 경우 형벌로써 개선이나 사회 방위가 불가능하다면 그것은 어떠한 형사제재를 사용해도 마찬가지로 불가능"하며, "사상범 내지 확신범의 경우 형벌로 해결되지 못하는 부분은 사실 국가 공권력이 개입해서는 안 되는 부분"으로, "그것은 개인적 차원에서는 양심의 자유에 속하는 문제이며 사회 및 국가적 차원에서는 정치적 입장 대립의 문제인 것이다."53

둘째, 보안관찰처분에 따라 부과되는 자유 제한이 매우 광범하다는 점을 주목해야 한다. 보안관찰법상의 신고 의무로 인해 헌법상의 신체의 자유(헌법 제12조), 거주·이전의 자유(헌법 제14조)가 제약됨은 물론, 교우 관계와 재산 상황까지 신고해야 하므로 프라이버시(헌법 제17조) 침해는 필연적이다. 게다가 보안관찰처분 대상자의 경우 재범의 위험성에 대한 판단도 없이 신고 의무를 부과하고 이를 어기면 처벌하므로 문제가 더욱 크다. 그리고 "사회의 선량한 일원이 되는 데 필요한 조치"라는 표현에서도 알 수 있듯이, 수사기관의 피보안관찰자에 대한 지도의 내용은 매우 추상적이며 광범위하다. 또한 수사기관이 할 수 있는 조치로 "보안관찰 해당 범죄를 범한 자와의 회합·통신 금지", "공공의 안녕질서에 직접적인 위협을 가할 것이 명백한 집회 또는 시위장소에의 출입 금지" 등은 언론·출판·집회·결사의 자유(헌법 제21조) 같은 헌법상의 기본권을 심히 침해하는 것이다. 차병직 변호사의 말처럼 "사회안전법이 법원의 재판 없이 사상범을 10년 이상씩 감옥에 가두어둘 수 있었다면, 보안관찰법은 그의 주거지 속에 감금하려는 것이나 다름없"으며[54], 보호관찰처분을 받는 자는 "창살 없는 감옥"에 갇히게 되는 것이다.[55]

우리 법원은 보안관찰처분을 반사회적 위험성을 가진 자에 대하여 사회 방위와 교화를 목적으로 하는 "예방적 처분"인 보안처분으로 보고[56], 형벌과 구분하고 있다. 즉 범죄 행위를 한 자에 대하여 응보를 주된 목적으로 책임을 추궁하는 "사후적 처분"인 형벌과는 본질을 달리하는 것으로 사후에 별도로 부과될 수 있다고 보는 것이다.[57] 이러한 구분이 형법학계의 통설이기도 하다.

그러나 시민의 자유를 제한하는 국가의 처분을 '형벌'이라

부르든 '보안처분'이라고 부르든 간에, 또 그 처분이 내세운 목적이 '응보'이든 '교화'이든 간에 중요한 것은 그 조치가 초래하는 자유 제한의 실질이다. 그리고 보안관찰처분이 형벌과 구분되는 본질을 가지고 있다고 하더라도, 그 목적 달성을 위해 동원하는 수단이 과도한 보안관찰은 정당성이 없다. 앞에서 살펴보았듯이 보안관찰처분은 대상자의 재범방지를 위한 관찰을 넘어서 대상자의 프라이버시를 광범하고 세밀하게 침해하고 있고, 이에 대한 의미 있는 통제 방안이 없다는 점에서 위헌의 소지가 강하다.

셋째, 이렇게 광범하게 기본권을 제한하고 형벌과 같은 효과를 갖는 보안관찰 처분을 부과하는 데 법원이 전혀 관여하지 않는다는 것도 문제다. 1997년 헌법재판소는 '보안관찰심의위원회'가 "독립성이 보장된 준사법적 기관"이며, 보안처분에 적용되어야 할 적법절차 원리의 적용 범위에는 차이가 있을 수 있다는 이유로 행정청이 보안관찰처분을 부과하는 것에는 문제가 없으며, 헌법 제12조 제1항 후문에 명시된 적법절차의 원칙에도, 법관에 의한 정당한 재판을 받을 권리를 보장하고 있는 헌법 제27조 제1항에도 위배되지 않는다고 판결한 바 있다.[58]

그러나 법의 지배를 통해 시민의 권리와 자유를 보호하는 법문화가 자리 잡지 못한 우리 사회에서 보안처분에 대한 광범한 재량을 일반 행정기관에 위임한다는 것은 매우 위험한 일이다.[59] 또한 앞의 사례에서 보았듯이 보안관찰처분 대상자를 보는 법무부의 시각은 여전히 냉전의 틀을 벗어나지 못하고 있다. 우리 사회에서 보안관찰처분이 부과되는 사람은 대부분 국가보안법 위반자로 전향을 거부한 사상범이다. 그런데 보안관찰 해당 범죄의 목록을 보면 형법상 내란 목적 살인 및 음모, 군형법상 반란죄 및 반란 예비·음모죄 등이 규정되어 있다. 그렇다면 이러한 범죄를 범한 전두환, 노태우 등 12·12, 5·18 사건 관련자 14명에 대해서는 왜 보안관찰처분이 부과되지 않는 것일까? 유죄 판결을 받은 후에도 이들은 여전히 과거 자신의 행위를 반성하고 있지 않는데도 말이다. 법무부는 이들의 '반사회성'이나 '재범 위험성'이 국가보안법 위반자들에 비해 약하다고 보는 편향성을 드러내고 있다.

헌법 제12조 1항 후단은 "법률과 적법한 절차에 의하지 아니하고는 처벌·보안처분 또는 강제노역을 받지 아니한다"라고 선언하고 있다. 앞에서 살펴본 피보안관찰자의 신고 의무와 수사기관의 지도 내용을 볼 때, 보안관찰처분에 따른 자유제한이 형벌의 일종인 벌금, 과료, 몰수보다 가벼운 것이라고 보기는 어렵다.[60] 또한 범죄 수사와 예방을 담당하는 기관이 보안관찰처분을 집행하면서 동시에 처분 결정까지 담당하는 것은 지나친 권력 집중의 예다.[61]

이 밖에 보안관찰처분 갱신에 대한 제한 규정이 없기 때문

에 이 처분이 '절대적 부정기형'으로 사용될 위험이 있다는 점도 지적되어야 한다.[62]

(3) 보안관찰처분에 대한 법원의 견제

이러한 관점에서 보안관찰법은 일제가 1936년 12월 시행한 '조선사상범보호관찰령'의 현대판이라고 부를 수 있다. 그런데 근래에는 국가보안법 위반죄로 복역하고 출소한 사람들에 대한 법무부의 보안관찰처분에 제동을 거는 법원의 판결이 연이어 나오고 있어 주목할 필요가 있다. 대표적인 판결 몇 개를 보도록 하자.

1998년 6월 18일 서울고등법원 제14특별부(재판장 조중한)은 사노맹 사건으로 구속되어 복역 후 출소한 장민성이 자신에게 내려진 보안관찰처분의 취소를 구하는 행정소송에서, 다음과 같이 설명하며 장 씨에 대한 보안관찰처분을 취소했다. "①먼저 원고가 복역 중 15차례 단식 또는 결식으로써 불만을 표시한 일이 있다거나, 국가안전기획부 직원들을 고소한 사실이 있다거나, 출소 후 기간이 일천하다거나, 또는 보안관찰 관련 조사를 위한 검찰의 소환에 불응하였다는 등의 사유는 이미 처벌받은 범죄에 관한 것 또는 의사 표현의 자유, 고소권 행사에 관한 것들이거나 보안관찰 해당 범죄와는 아무런 직접적인 관련이 없는 사정들이어서 재범의 위험성을 판단할 만한 자료가 되지 못한다. ②원고가 출소 후 보안관찰처분을 위한 경찰조사시에 정부를 권위주의적 정권이라고 평가하고 국가보안법 폐지를 주장한 일이 있다고 하더라도 이는 정치적 표현의 자유의 범위에 속하는 정도에 불과하여 역시 재범의 위험성을 판단할 자료로 삼기는 어렵다."[63]

1999년 12월 17일 서울고등법원 제11특별부(재판장 최병학)은 사노맹 사건으로 복역한 뒤 출소해 보안관찰처분을 통고받은 고원이 법무부를 상대로 제기한 보안관찰처분 취소 청구 소송에서, 복역 중 국가보안법 철폐 등을 요구하며 단식농성을 한 일이 있고 출소 후 기간이 일천하다는 것은 재범 판단의 근거가 되지 못한다며 원고승소 판결을 내렸다.[64]

특히 주목할 만한 사건은 자신이 여전히 사회주의자라고 밝힌 피보안관찰처분자에게 재판부가 보안관찰처분 취소 판결을 내린 일이다. 사노맹 사건으로 복역한 후 석방된 현정덕은 보안관찰처분 취소 행정 소송을 제기하며 법원에 제출한 의견서에서 "나는 계급이 철폐되는 세상을 꿈꾸는 사회주의자"라고 밝혔다. 뿐만 아니라 "보안관찰법은 악법이므로 나는 보안관찰 대상자가 지켜야 할 모든 의무 조항을 지키지 않을 것"이라고 선언했으며, "법무부장관이 북한에 포섭되지 않는다는 것을 법무부가 증명하지 않는 이상 나 역시 북한에 포섭되지 않는다는 것을 증명하지 않겠다"라고 밝혔다. 이처럼 '과격한' 표현에도 불구하고 2000년 4월 20일 서

울고등법원 제7특별부(재판장 김재진)는 현 씨에 대한 보안관찰처분 취소 판결을 내렸다.[65]

한편 2004년 1월 30일 서울고등법원 특별8부(재판장 이태운)는 1980년대 이른바 '학원간첩단 사건'에 연루돼 무기징역을 선고받고 복역하다가 가석방된 후 감옥에서 쓴 글을 모아《야생 편지》를 펴내 유명해진 황대권에 대한 보안관찰 처분이 부당하다는 판결을 내렸다. 황 씨에 대한 4년 보안관찰처분 기간이 끝난 2003년 3월 법무부는 "복역 중에 국보법 철폐를 위한 단식투쟁뿐 아니라 출소 뒤에는 생태환경 등과 관련된 저술 및 강연 활동에 주력하며 보안관찰제도에 대한 반감을 보이고 있다"면서 다시 보안관찰처분을 내렸으나, 황 씨는 이 갱신처분이 부당하므로 취소하라는 소송을 제기했고 법원이 황 씨의 손을 들어준 것이다.

재판부는 판결문에서 "법무부와 검찰은 황 씨가 복역 중 국가보안법 철폐와 양심수 석방 등을 요구하며 단식투쟁을 한 점 등을 갱신처분의 이유로 들지만 황 씨의 행동은 헌법상의 기본권인 정치적 표현의 자유 및 양심의 자유에 속하는 것"이라며 "황 씨가 출소 뒤 보안관찰 해당 범죄와 관련되는 구체적인 활동을 했다고 인정할 아무런 자료가 없는 등 달리 재범의 위험성을 인정할 만한 증거가 없으므로 황 씨에 대한 보안관찰처분은 위법하다"고 밝혔다. 또한 재판부는 "보안관찰처분은 재범을 예방해 사회의 안녕을 유지하고 처분 대상자의 건전한 사회 복귀를 촉진하도록 하자는 것이지 이미 실행한 범죄에 대한 제재조치가 아니다"라고 덧붙였다.[66]

2004년 6월 7일 대법원도 황 씨에 대한 원심판결을 확정했다. 대법원은 판결문에서 "보안관찰처분은 형벌이 아닌 예방조처이기 때문에, 보안관찰처분을 하거나 기간을 연장하기 위해서는 대상자가 해당 범죄를 다시 범할 위험성이 있다고 인정할 충분한 이유가 필요하다"며 "황 씨의 범죄 사안이 중대하고 출소한 뒤의 기간이 짧다는 법무부의 주장은 재범의 위험성을 인정할 증거가 될 수 없다"고 밝혔다. 그리고 재판부는 "황 씨가 출소 뒤 과거 자신의 범죄와 관련된 활동을 했다는 증거가 없고, 현재 경제적으로 독립해 가족의 생계를 꾸려나가고 있는 점에 비춰 보안관찰 갱신처분은 위법하다"고 지적했다.[67]

그리고 2004년 4월 16일 서울고등법원 특별4부(재판장 양동관)는 한총련 4기 의장 정명기가 "수감 중 농성을 벌이고 의무를 다하지 않았다는 이유로 보안관찰을 강요하고 있다"며 법무부를 상대로 낸 보안관찰처분 취소 청구 소송에서 원고승소 판결했다. 재판부는 "출소 뒤 해당 경찰서에 보안관찰 신고를 하지 않고 그로 인한 조사 과정에서 진술을 거부한 행위는 재범의 근거로 볼 수는 없다"고 밝혀, 보안관찰의 요건인 재범 가능성에 대해 엄격한 기준을 요구했다. 재판부는 판결문에서 "수감 중 국가보안법 폐지 및 양심수 석방을 요구하고 사상전향을 거부한 행위는 양심의 자유에 따른 것"
이라며 "보안관찰제도가 재범을 예방해 사회의 안녕을 유지
하고 처분 대상자의 건전한 사회 활동을 촉진하고자 하는 취
지인 만큼 처분을 내리려면 재범의 위험성이 충분히 인정돼
야 한다"고 밝혔다.[68]

　이상의 판결은 법원이 법률이 존재하는 이상 보안관찰처
분 자체는 인정할 수밖에 없다고 하더라도 이 처분이 남용되
는 것은 적극적으로 막겠다는 의지를 가지고 있음을 보여준
다. 입법부의 결단으로 사상범에 대한 보안관찰처분을 없애
거나 헌법재판소에서 이 처분을 위헌이라고 결정하기 전에
는 사상범에 대한 보안관찰처분은 계속될 것이다. 그렇지만
이상의 판결을 고려할 때 보안관찰처분을 받은 대상자는 적
극적으로 법원에 대해 이 처분의 취소 소송을 제기할 필요가
있을 것이다.

4. 결론

　1988년 사회안전법, 1998년 사상전향제, 그리고 2003년
준법서약제가 각각 폐지된 것은 만시지탄의 감은 있으나
중요한 진보였다. 그러나 사회안전법상의 보호관찰처분은
1989년 제정된 보안관찰법에서 보안관찰처분으로 되살아났

다. 보안관찰처분이 사회안전법상의 보안감호처분처럼 사상범을 무한정 구금하여 자유를 완전히 박탈하는 것은 아니지만, 출소한 사상범의 자유를 광범하게 제한하고 있음은 분명하다. 보안관찰처분은 사상전향제처럼 시민의 사상을 적극적으로 바꾸라고 강제하거나, 준법서약제처럼 시민의 사상을 드러내라고 압박하지는 않지만, 사상범이라는 이유로 대상자의 사생활을 옴짝달싹하지 못하게 만드는 제재를 부과하는 것이다.

형기를 채우고 출소했음에도 불구하고 사상범이라는 이유만으로 각종의 기본권을 제한하는 것은 인권의 관점에서 용인할 수 없는 일이다. 재범을 할 우려가 있다는 추상적 위험성을 근거로 자유를 과도하게 제약하는 것은 더 이상 허용되어서는 안 된다. 좌파 사상범의 양심과 내심도 보호받고 존중받아야 할 양심이다.

제 2 장

양심적
병역거부권

집총을 하는 것에 양심적 가책을 느끼는 사람이 대체복무를 하려 한다
면 집총하도록 강제할 수 없다.

— 1776년 미국 펜실베이니아 주 헌법 제8조

다를 수 있는 자유의 실체는 기존 질서의 심장을 건드리는 사안에 대하
여 다를 수 있는 권리가 있는지 없는지에 따라 검증되는 것이다.

— 스톤H. F. Stone 미국 연방대법원 대법관

1. 양심적 병역거부자의 인권에 대한 장기간의 외면

근래까지 우리 사회에서 양심과 사상의 자유에 대한 논의
는 주로 현재는 폐지된 사회안전법에 따른 전향 및 보안감호
처분제도, 그리고 그 후신인 준법서약서제도 및 현행보안관
찰법에 따른 보안관찰제도 등과 관련된 것이었다. 그리하여
양심과 사상의 자유는 비전향좌익수나 체제에 도전하는 국
가보안법 위반자의 전유물인 것처럼 오해를 받기도 했다.

근래 수많은 '여호와의 증인Jehovah's Witnesses' 신도들이 병
역거부를 이유로 수형생활을 하고 전과자로 살아가고 있다
는 사실이 언론에 보도되면서 양심의 자유 문제가 사회적 문
제로 부각되고 있다. 이들은 일제의 고문과 회유 속에서도
전쟁불참과 신사참배거부의 신념을 지켰으며, 한국전쟁 상
황에서 남과 북 양쪽의 병역을 거부했다. 이후 권위주의 체
제가 들어서고 사회 전체가 병영(兵營)이 된 상황에서도 이

들은 온갖 폭행과 가혹행위를 버텨내고 자신들의 양심에 따라 병역을 거부했다.[69] 과거 반공과 냉전 논리만이 허락되던 권위주의 체제에서 양심적 병역거부자들이 당하는 인권침해에 대해서는 아무도 관심을 두지 않았다. 반독재 민주화운동세력도 예외는 아니었다. 양심적 병역거부자들에게는 '이단' 종교에 빠진 '병역기피자'라는 이중의 낙인만이 찍혔을 뿐이었다.

'양심적 병역거부conscientious objection to military service'란 양심의 이유로 징집과 같은 병역의무를 거부하거나 전쟁 또는 무장충돌에 직·간접적으로 참여하는 것을 거부하는 행위를 말한다. 제1장에서 보았듯이, 양심의 자유는 양심에 반하는 '작위 의무로부터의 해방'을 포함하는데, 집총이라는 작위 의무가 자신의 양심과 정면으로 충돌하는 경우 무조건 전자의 우월을 주장할 수 있는가 하는 것이 문제가 된다. 이는 양심의 자유와 관련하여 핵심적으로 다루어야 할 내용이지만, 우리 사회에서 병역 문제가 갖는 민감성 때문에 학계에서나 비학계에서나 이 문제를 본격적으로 다루는 데 매우 조심스러울 수밖에 없었다. 과거 권위주의 체제에서 민주화운동가들이 군입대를 거부하고 '잠수'하며 활동을 계속하는 경우가 있었으나, 이러한 입대거부는 양심의 자유를 실현한다는 차원에서 목적 의식적으로 이루어진 것은 아니었다. 우리 사회에서 양심적 병역거부권 문제는 수십 년 동안 특정 종교인들만의 일로 방치되어왔다.

우리 사회에서 양심적 병역거부자는 입영 자체를 거부하면 병역법 제88조의 입영기피죄로, 입영 후 집총을 거부하면 군형법 제44조의 항명죄로 3년 이하의 징역에 처해진다. 항명이 적전(敵前)인 경우에는 사형, 무기 또는 10년 이상의 징역에, 전시, 사변 또는 계엄지역인 경우에는 1년 이상 7년 이하의 징역에 처해진다. 그리고 병역법 제76조에 따라 국가기관, 지방자치단체의 장 또는 고용주는 양심적 병역거부자를 공무원 또는 임·직원으로 임용 또는 채용할 수 없으며, 재직 중인 경우에는 해직해야 한다. 또한 국가기관 또는 지방자치단체의 장은 양심적 병역거부자에 대해 제1항 각호의 각종 관허업(官許業)의 특허·허가·인가·면허·등록 또는 지정 등을 해서는 안 되며, 이미 이를 받은 사람에 대하여는 취소해야 한다. 양심적 병역거부자에 대한 사회적 편견 때문에 이들이 사기업에 취업을 하기도 쉬운 편은 아니다.

'양심적 병역거부 수형자 가족모임'(이하 수형자 가족모임)이 최초로 조사한 결과 역대 양심에 따른 병역거부자 수는 1950년부터 2006년 5월 31일까지 1만 2,324명이며, 이들에게 선고된 형의 총합은 2만 5,483년(20만 5,801개월)이다.[70] 2010년 10월 현재, 양심적 병역거부로 수감된 사람의 수는 403명이다.[71] 이들은 다음과 같이 말한다.

존경하는 판사님과 검사님. 저는 여호와를 숭배하는 백성으로서 성서적 양심을 지키고자 입영을 하지 않고 자수하여 이 자리에 서 있습니다. 저는 국가적 관점에서 보면 처벌을 받아 마땅하지만, '이웃을 내 몸처럼 사랑하라'고 말씀하신 하나님의 관점에서는 의를 행하고 있다고 생각합니다.[72]

반면 대법원은 한결같이 다음과 같은 태도를 건지해왔다.

모든 국민은 법률이 정하는 바에 의하여 국방의 의무를 가진다고 되어 있어서 병역법은 위 헌법의 규정에 따라 제정된 것으로서 같은 법의 규정에는 특단의 사정이 없는 이상 모든 국민은 다 같이 이에 따라야 하며, 피고인이 '여호와의 증인'이라는 종교를 신봉하고 그 교리에 그리스도인의 '양심상의 결정'으로 군복무를 거부한 행위는 **응당** 병역법의 규정에 따른 처벌을 받아야 하며 (중략) 논지에서 말하는 소위 '양심상의 결정'은 헌법 제17조에서 보장한 양심의 자유에 속하는 것이 아니다.[73]

그리고 양심적 병역거부를 둘러싼 논쟁이 뜨거워진 후에도 2004년 대법원은 다시 한 번 기존의 입장을 재확인한다.

병역의무는 궁극적으로는 국민 전체의 인간으로서의 존엄과 가치를 보장하기 위한 것이라 할 것이고, 양심적 병역거부자의 양심의 자유가 위와 같은 헌법적 법익보다 우월한 가치라고는 할 수 없으니, 위와 같은 헌법적 법익을 위하여 헌법 제37조 제2항에 따라 피고인의 양심의 자유를 제한한다 하더라도 이는 헌법상 허용된 정당한 제한이다. (중략) 병역의무의 이행을 확보하기 위하여 현역입영을 거부하는 자에 대하여 형벌을 부과할 것인지, 대체복무를 인정할 것인지 여부에 관하여는 입법자에게 광범위한 입법재량이 유보되어 있다고 보아야 하므로 (중략) 양심 및 종교의 자유를 이유로 현역입영을 거부하는 자에 대하여는 현역입영을 대체할 수 있는 특례를 두지 아니하고 형벌을 부과하는 규정만을 두고 있다고 하더라도 과잉금지 또는 비례의 원칙에 위반된다거나 종교에 의한 차별금지 원칙에 위반된다고 볼 수 없다. (중략) 양심적 병역거부자의 양심상의 결정이 적법 행위로 나아갈 동기의 형성을 강하게 압박할 것이라고 보이기는 하지만 그렇다고 하여 그가 적법 행위로 나아가는 것이 실제로 전혀 불가능하다고 할 수는 없다고 할 것인바, 법규범은 개인으로 하여금 자기의 양심의 실현이 헌법에 합치하는 법률에 반하는 매우 드문 경우에는 뒤로 물러나야 한다는 것을 원칙적으로 요구하기 때문이다.[74]

헌법재판소 역시 2004년 다음과 같이 설시(說示)하며 병역법 제88조 1항이 위헌이 아니라고 결정했다.

양심의 자유는 단지 국가에 대하여 가능하면 개인의 양심을 고려하고 보호할 것을 요구하는 권리일 뿐, 양심상의 이유로 법적 의무의 이행을 거부하거나 법적 의무를 대신하는 대체의무의 제공을 요구할 수 있는 권리가 아니다. 따라서 양심의 자유로부터 대체복무를 요구할 권리도 도출되지 않는다. 우리 헌법은 병역의무와 관련하여 양심의 자유의 일방적인 우위를 인정하는 어떠한 규범적 표현도 하고 있지 않다. 양심상의 이유로 병역의무의 이행을 거부할 권리는 단지 헌법 스스로 이에 관하여 명문으로 규정하는 경우에 한하여 인정될 수 있다. (중략) 대체복무제를 도입하기 위해서는 남북한 사이에 평화공존관계가 정착되어야 하고, 군복무여건의 개선 등을 통하여 병역기피의 요인이 제거되어야 하며, 나아가 우리 사회에 양심적 병역거부자에 대한 이해와 관용이 자리 잡음으로써 그들에게 대체복무를 허용하더라도 병역의무의 이행에 있어서 부담의 평등이 실현되며 사회통합이 저해되지 않는다는 사회공동체 구성원의 공감대가 형성되어야 하는데, 이러한 선행조건들이 충족되지 않은 현 단계에서 대체복무제를 도입하기는 어렵다고 본 입법자의 판단이 현저히 불합리하다거나 명백히 잘못되었다고 볼 수 없다.75

이러한 대법원과 헌법재판소의 다수의견은 양심적 병역거부에 대한 현재 우리 사회의 다수자의 시각을 그대로 반영한다. 양심의 자유를 인정하더라도 병역의 의무라는 헌법적 요청이 있다는 점을 고려해야 하고, 이때 양심적 병역거부자를 위한 대체복무제를 마련하지 않고 형벌을 부과하는 것은 입법자의 재량에 속하며, 이 경우 양심적 병역거부자는 자신의 양심을 포기해야 한다는 것이다.

그러나 이러한 다수의견은 양심의 자유는 그 어떠한 자유

보다도 가장 근본적인 자유이며, 국가의 존재보다 근원적인 자유라는 점, 그리고 양심을 포기하라는 것은 자신의 존재의 미를 부정하라고 요구하는 것과 마찬가지라는 점을 이해하고 있는지 의심스럽다. 우리는 조선시대 말 종교적 신념을 지키기 위해 순교한 천주교도들과 일제 강점기에 신사참배를 거부하다 순교한 기독교도의 희생을 잘 알고 있다. 우리는 이 선조들을 향하여 당시 국교가 유교이므로 응당 처벌을 받아 마땅했다고, 신사참배는 당시 국가의 방침이므로 응당 따랐어야 했다고 쉽게 말할 수 있을까?

이러한 점에서 나는 2004년 대법원 판결에서 홀로 반대의견을 제출한 이강국 대법관의 견해에 동의한다.

피고인은 '여호와의 증인' 신자인 부모의 영향으로 형과 함께 어려서부터 자연스럽게 같은 종교적 믿음을 갖게 됨에 따라 일체의 집총병역을 받아들이지 말라는 종교적 교리를 절대적인 양심상의 결정으로 형성하기에 이르렀고, 특히 그의 형이 병역법 위반으로 징역형을 선고받고 복역까지 한 과정을 목격까지 하였던 점에 비추어 볼 때, 피고인이 현역병 입영을 거부하게 된 것은 오로지, **일반적 법의 명령보다 더 높은 종교적 양심상의 명령에 무조건적으로 따르지 않고서는 자신의 인격적 존재가치가 파멸되고 말 것이라는 절박하고도 강력한 의무감에 따른 것**이라고 보지 않을 수 없다. (중략) 피고인에게 병역법상의 형벌법규의 기속력이 미치지 않는다고 할 수는 없겠지만, 그렇다고 하여 절대적이고도 진지한 종교적 양심의 결정에 따라 병역의무를 거부한 피고인에게 국가의 가장 강력한 제재 수단인 형벌을 가하게 된다면 그것은, 피고인의 인간으로서의 존엄성을 심각하게 침해하는 결과가 될 것이고 형벌 부과의 주요 근거인 행위자의 책임과의 균형적인 비 관계를 과도하게 일탈한 과잉조치가 될 것이며, 또한, 피고인에 대한 형벌은 그 정도에 상관없이 범죄에 대한 응징과 예방, 피고인의 교육 등 그 어떠한 관점에서도 형벌의 본래적 목적을 충족할 수 없음이 명백해 보이고, 특히 보편적 가치관을 반영한 집총병역의무와 종교적 양심의 명령 사이의 갈등으로 인한 심각한 정신적 압박 상황에서 절박하고도 무조건적인 종교적 양심의 명령에 따른 피고인에게는 실정 병역법에 합치하는 적법한 행위를 할 가능성을 기대하기가 매우 어렵다고 보인다. (중략) 따라서 이 사건의 피고인과 같은 경우에는 국가의 형벌권이 한 발 양보함으로써 개인의 양심의 자유가 보다 더 존중되고 보장되도록 하는 것이 상당하다고 할 것이다. 그 이유는, 국가는 국민의 기본권인 양심의 자유를 최대한 보장하여야 하고 그에 대하여 관용을 베풀어야 하며 비례의 원칙에 반하는 형벌권의 행사를 삼가야 할 헌법적 의무를 부담하고 있기 때문이다. 더욱이 이 사건에 있어서 피고인으로서는 자신의 양심상의 결정을 실현하기 위하여는 형벌집행의 수인 이외에 다른 대체 수단을 갖지 못하고 있음에 반하여, 국가는 양심의 자유와 병역의 의무를 합리적으로 조정해야 하는 헌법적 의무와 아울러 그러한 권한과 가능성까지 가지고 있음에도 불구하고 국가가 그러한 의무나 권한 행사를 다하지 않은 경우의 불이익은 국가가 스스로 부담하여야 하는 것이지 이를 피고인에게 귀책시켜

서는 안 될 것이라는 점에서도 더욱 그렇다.76

　헌법이나 법률에 양심적 병역거부권이 인정되어 있지 않으니 병역의 의무가 우위에 선다고 선언하고, 양심적 병역거부자에게 입법적 변화가 있기 전까지는 처벌을 감수하라고 요구하는 것은 한편으로 안이하며 다른 한편으로는 잔혹한 처사다. 시민의 양심을 진정으로 존중하는 국가라면 병역의 의무의 중요성을 고려하면서도 양심적 병역거부자의 고뇌를 직시하여, 이들의 양심을 유지시키면서도 병역의 의무가 위태롭게 되지 않도록 하는 대안 마련에 나서야 한다.

　양심적 병역거부권의 인정은 국방부와 '정통' 기독교계 및 군필자 등의 반발을 살 것이 분명하지만, 우리는 이를 '인권'이라는 관점에서 바라보아야 한다. 우리 사회에서 계속 재생산되고 있는 양심적 병역거부자의 딱한 처지와 그들의 인권 문제는 이제 나 자신의 종교나 양심에 상관없이 외면할 수 없는 사회적 문제가 되었다.

　'민주화'는 권위주의 체제의 논리로 억압해왔던 '인권' 문제를 핵심적인 화두의 하나로 삼을 것을 우리에게 요구하고 있다. 진정한 민주주의를 실현하기 위해서는 정치적 민주화만으로는 불충분하다. 사회·경제·문화적 민주화를 위한 노력이 반드시 함께해야 한다. '정치적 민주화'를 이룬 후에도 억압받고 차별받는 '소수자' 집단에 특별한 관심을 기울여야 하는 것도 바로 이러한 맥락에서다.

2. 양심적 병역거부권의 국제적 보장의 현재

아직 우리에게 양심적 병역거부권이라는 개념은 여전히 낯설다. 사회지도층의 병역면제 또는 기피 현상이 사라지지 않고 있는 현실에서 양심적 병역거부의 주장은 자칫하면 병역기피를 위한 빌미 또는 병역기피를 부추기는 궤변이라는 비난을 받기에 알맞다. 그러므로 우선 양심적 병역거부권이 전세계 민주주의 국가에서 법적으로 보장하고 있는 기본권의 하나이며, 국제법으로도 승인된 인권이라는 사실을 살펴보자.

(1) 나라별 법적 보장의 근거

양심적 병역거부권을 헌법상의 권리로 보장한 최초의 사례는 1776년 미국 펜실베이니아 주 헌법이다. 동 헌법 제8조는 "집총을 하는 것에 대하여 양심적 가책을 느끼는 사람이 대체복무를 하려 한다면 집총하도록 강제할 수 없다"고 선언한다. 이러한 입장은 1777년 버몬트 주 헌법(제9조), 1776년 델라웨어 주 헌법(제10조), 1784년 뉴햄프셔 주 헌법(제13조) 등에서 한결같이 나타난다.

유럽에서는 1차대전의 참상에 자극받은 영국 평화주의자들의 투쟁 결과 1916년 영국에서 유럽 최초의 대체복무법이 제정된다. 그 후 1920~1930년대에 덴마크, 네덜란드, 노르웨이 등에서 의회가 양심적 병역거부를 인정하고 대체복무 제도를 도입하는 최초의 법안을 제정한다. 당시부터 "대다수의 유럽 민주국가에서 '유럽적 민주주의'와 '병역거부권 인정'은 동의어로 통하기 시작했던 것"이다.[77]

현대에 들어와 양심적 병역거부권은 유럽 여러 나라에서 헌법에 명문화되기에 이른다.[78] 독일 헌법이 선구자인데, 1949년의 독일 헌법 제3조는 "누구도 자신의 양심에 반하여 무장투쟁을 포함하는 군복무를 강제당하지 않는다"라고 규정했으며, 이어 1976년 포르투갈 헌법(제41조 5항), 1978년 스페인 헌법(제30조 2항) 등도 같은 내용을 선언했다. 국가사회주의 체제를 취하고 있던 동구 여러 나라도 체제 붕괴 후에는 양심적 병역거부권을 헌법에서 명문화하고 있다. 크로아티아 헌법(제47조), 슬로베니아 헌법(제123조), 에스토니아 헌법(제124조), 슬로바키아 헌법(제25조 2항), 체코 공화국 헌법(제15조 3항), 그리고 러시아 헌법(제28조) 등이 여기에 속한다. 그리고 유럽 외에 브라질, 우루과이, 수리남, 잠비아 등에서도 헌법으로 양심적 병역거부권을 인정하고 있다.

이처럼 헌법이 양심적 병역거부권을 보장하는 것은 어떠한 사상에서 비롯된 것일까? 이와 관련해 미국 연방대법원

의 1940년 '고비티스 판결Minersville School District v. Gobitis'[79]
에서 외로이 소수의견을 제출한 스톤 대법관의 주장을 경청
할 필요가 있다. 그는 국기경례 의식을 거부했다는 이유로
여호와의 증인 신자에게 내려진 제적 처분이 합헌이라고 결
론을 내린 다수의견에 대해 "소수자의 자유를 보호해야 하는
헌법이 대중적 의지 앞에 굴복한 것"이라며 강력히 비판했
다.[80] 민주주의란 다수의 지배에 기초하는 것이지만, 그것을
빌미로 소수자의 양심과 신념을 무시하는 것은 민주주의를
부정하는 일임을 그는 깨닫고 있었던 것이다.

스톤 대법관의 이러한 입장은 1943년 '바넷 판결West Vir-
ginia State Board of Education v. Barnette'[81]에서는 다수의견으로
자리 잡는다. 이 판결도 여호와의 증인의 국기경례 거부와
관련된 것인데, 다수의견은 어떤 방식으로든 국가가 시민에
게 말이나 행동으로 자신의 신념을 고백하도록 강제하는 것
은 허용되지 않는다고 말하면서, 다음과 같이 선언했다.

> 그러나 다를 수 있는 자유는 사소한 사안에 제한되지 않는다. 다를 수 있
> 는 자유는 단순히 자유의 그림자로 생각될지도 모른다. 그러나 다를 수
> 있는 자유의 실체는 기존 질서의 심장을 건드리는 사안에 대하여 다를
> 수 있는 권리가 있는지 없는지에 따라 검증되는 것이다.[82]

요컨대 양심적 병역거부권을 헌법으로 보장하는 것은, 병

역의무처럼 국가 존립에 핵심적인 사안에 대해서도 이를 거부하는 소수자 집단의 양심을 존중하는 것이 민주주의라고 선언하는 것과 같다. 이는 소수자의 양심이 국가질서에 위협을 준다 하더라도 그 양심을 헌법적 차원에서 용인하고 보호하겠다는 의지의 표현이다. 즉 소수자에 대한 관용이 민주주의의 핵심임을 분명히 한 것이다. 양심의 문제는 결코 다수결로 결정지을 수 있는 사안이 아니다.

(2) 국제법적으로 승인된 인권

양심적 병역거부권은 국제법에서도 수용되었다. 시민적·정치적 권리에 대한 국제규약(International Covenant on Civil and Political Right(이하 ICCPR) 제18조 1항은 '양심·사상·종교의 자유'를 규정하고 있는데, 여기서 양심적 병역거부권은 명시적으로 규정되고 있지는 않다. 규약 초안을 작성할 당시인 1950년, 필리핀 대표가 양심적 병역거부권은 포함시키자고 제안했다가 철회한 바 있을 뿐이다.[83] 이를 이유로 과거 전통적 견해는 이 조항이 양심적 병역거부권을 인정하고 있지는 않는 것으로 보았으나, 최근 국제사회의 흐름은 제18조가 양심적 병역거부권을 포괄한다고 해석하고 있다.

유엔 차원에서 처음으로 양심적 병역거부권을 결의한 것은 1987년 유엔인권이사회United Nations Commission on Human Rights의 '46호 결의'를 통해서다.[84] 이 결의는 각 국가에

"종교적, 윤리적, 도덕적 또는 이와 유사한 동기에서 발생하는 심오한 신념"에 기초한 양심적 병역거부권을 인정하라고 호소했다. 단 이 결의는 양심적 병역거부권 인정 여부에 대한 최종 재량권은 해당 국가에 남겨두는 조언의 성격을 띠고 있었다.[85]

이후 유엔인권이사회는 1989, 1993, 1995, 1998, 2000, 2002, 2004년에 걸친 결의에서 양심적 병역거부권을 세계인권선언Universal Declaration of Human Rights 제18조와 ICCPR 제18조의 내용으로 자리 잡게 만들었다.

1989년의 '59호 결의'는 호소 수준을 넘어서 세계인권선언 제3조, 제18조 및 ICCPR 제18조에 기초하여 양심적 병역거부권 자체를 인정하고, 양심적 병역거부권 문제를 유엔헌장상의 국가의 의무와 연결시켰으며, 각국이 이 권리를 인정하고 이 권리를 행사하는 개인을 위한 의사결정 체제를 수립할 것을 촉구했다.[86] 그리고 1993년 '84호 결의'는 이전의 결의 내용을 재확인하면서, 양심적 병역거부권을 인정하지 않은 국가에 대해 특정 사안에서 양심적 병역거부가 유효한지 아닌지를 결정하기 위해 국내법 체계 속에 "독립적이고 불편부당한 의사결정기구"를 만들 것을 호소했다.[87]

1995년 '83호 결의'는 1993년 '84호 결의'의 내용을 재확인하고, 양심적 병역거부로 모국을 떠나야만 했던 사람에게 세계인권선언 제18조상의 망명권이 있음을 상기시킨다.[88]

그리고 새로운 내용을 추가하는데, 각 국가가 법과 관행에 의하여 "양심적 병역거부자들이 지닌 특정 신념의 본성을 이유로 그들을 구별하지 말 것, 또는 양심적 병역거부자가 병역을 거부했다는 이유로 그들을 차별하지 말 것"을 강력히 주장했다.[89] 이는 유엔인권위원회United Nations Human Rights Committee가 1993년 ICCPR 제18조를 평가한 '22호 총평'의 결론을 수용한 것이다.[90] 이 '총평'은 다음과 같이 말한다.

> 규약(ICCPR)은 양심적 병역거부권을 명시적으로 언급하고 있지 않다. 그러나 동 위원회는 살상무기를 사용해야 하는 의무가 양심의 자유 및 자신의 종교 및 신념을 표현할 권리와 심각하게 충돌할 수 있으므로, 양심적 병역거부권이 규약 제18조에서 도출될 수 있다고 믿는다. (중략) 양심적 병역거부자들을 그들이 지닌 특정 신념의 본성을 이유로 구별해서는 안 되며, 또 마찬가지로 양심적 병역거부자가 병역을 거부했다는 이유로 그들을 차별해서는 안 된다.[91]

유엔인권이사회의 1998년 '77호 결의'는 이전의 모든 결의를 총괄하는 중요한 결의다.

동 결의의 서문은 양심적 병역거부권은 "종교적, 도덕적, 윤리적, 인도주의적 또는 이와 유사한 동기에서 발생하는 심오한 신념 또는 양심"에서 유래하며, 이미 군복무를 하고 있는 사람도 양심적 병역거부를 할 수 있다고 밝힌다.[92] 이어서

이 결의는 양심적 병역거부권은 세계인권선언 제18조 및 IC-CPR 제18조에 기초한 정당한 권리 행사라는 점을 분명히 한다.[93] 그리고 이 권리를 인정하지 않는 국가는 양심적 병역거부자의 신념의 본성을 차별하지 말고, 특정 사안에서 양심적 병역거부가 진지하게 이루어졌는지를 결정하기 위한 독립적이고 불편부당한 의사결정기구를 만들 것을 호소하고 있으며[94], 징병제를 채택하고 있는 국가의 경우 비전투적이거나 민간적인 임무를 수행하며 징벌적 성격을 띠지 않는 대체복무제를 실시하라고 권고하고 있다.[95] 그리고 각 나라에 양심적 병역거부자를 투옥하지 않게 하는 조치를 취할 것을 강조하고[96], 양심적 병역거부자를 경제·사회·문화·시민 또는 정치적 권리 등에서 차별해서는 안 되며[97], 양심적 병역거부로 인한 박해를 피하기 위하여 자국을 떠난 사람들을 난민으로 보호할 것을 권유하고[98], 양심적 병역거부권에 대한 정보를 이용할 수 있어야 한다고 명시했다.[99]

2000년의 '34호 결의'는 회원 국가들에게 유엔인권이사회의 결의의 관점에서 나라의 국내법과 실무의 현 상태를 검토할 것을 요청하고, 또한 유엔인권고등판무관the Office of the UN High Commissioner of Human Rights에게 양심적 병역거부와 대체복무에 관한 최선의 실무를 수집하고 분석할 것을 요청했다.[100] 2002년의 '45호 결의'는 2000년의 '34호 결의'를 재확인하면서, 유엔인권고등판무관에게 각국 정부, 국가인권

기구, 이 주제를 전문적으로 담당하는 정부 간 또는 비정부 조직으로부터 양심적 병역거부에 관한 정보를 수집할 것을 요청했다.[101] 그리고 2004년 '35호 결의'는 회원 국가들에게 분쟁 후 평화를 구축하는 과정의 일환으로 법과 실무의 측면에서 양심적 병역거부자를 사면하고 손해를 배상할 것을 권유했다.[102]

한편 '종교 또는 신념에 따른 일체의 불관용과 차별 제거를 위한 선언'이 제대로 이행되는지를 점검하는 유엔인권이사회 특별보고관Special Rapporteur의 1997년 보고서도 주목할 필요가 있다.[103] 보고서는 양심적 병역거부권 불인정, 시민권 박탈, 시민적 권리 박탈, 병역거부를 이유로 한 투옥, 대체복무제도의 부재 등 양심적 병역거부권이 침해되는 양상을 구체적으로 언급했다.[104]

이상과 같이 현재 유엔인권이사회의 결의 자체는 각 나라를 구속하는 법적 효력이 아니라 권고적 효력을 가지는 데 그친다. 그러나 이 결의는 양심적 병역거부가 권리로 보장되어야 함을 반복해서 강조하고 있는바, '국제화'를 지향하는 한국 정부는 양심적 병역거부의 인정과 대체복무제 도입의 문제를 지금보다 훨씬 심각하고 개방적인 자세로 검토해야 함은 분명하다.

한편 2006년 유엔인권위원회는 우리 정부가 제출한 보고서를 심의한 후 다음과 같은 우려를 표하고 권고를 행했다.

정부는 이에 귀를 기울이고 이에 부합하는 실천을 성실히 수행해야 할 것이다.

> 위원회는 ⓐ2003년 병역법 개정으로 현역복무 거부로 인한 처벌이 최대 3년 징역형을 받고 있고, 그들이 〔예비군으로〕 재소집될 수 있고 새로운 처벌을 받게 되는 횟수에 대하여 입법적으로 제한이 전혀 없으며 ⓑ병역의무 요건을 만족시키지 않는 사람들은 정부나 공공기관의 고용에서 배제되며 ⓒ유죄를 선고받은 병역거부자들이 전과자로 낙인찍힘을 감수해야 한다는 점들에 대해 우려한다(제18조).
>
> 당사국은 양심에 따른 병역거부자가 병역의무에서 면제되는 것을 인정하는 모든 필요한 조치를 취해야 할 것이다. 규약 제18조에 일치하는 입법을 제정할 것을 장려한다. 이 점에서, 위원회는 사상, 양심과 종교의 자유에 대한 권리에 관한 위원회의 22호 총평의 11항에 당사국의 주의를 환기하고자 한다.105

한편 유럽에서는 1967년 유럽회의의 자문의회The Consultative Assembly of the Council of Europe가 '337호 결의'를 통해 양심적 병역거부권을 인정했다. 이는 사상, 양심 및 종교의 자유를 선언한 유럽인권규약The European Convention on Human Rights' 제9조에 따른 것이다. 이후 이 결의에 기초하여 1987년에는 유럽회의의 장관위원회The Committe of Ministers가 양심적 병역거부권을 인정하지 않는 국가에 국내법과 관행을 변경하도록 요청하는 '87(8)호 추천'을 채택했다. 한편 유럽 의회는 1983, 1989, 1993, 1994년의 결의를 통해 이상의 내용을 재확인한다. 특히 1994년 결의는 유엔인권이사회의 1989년 '제59호 결의'가 승인한 양심적 병역거부권이 "진정한 주관적 권리"임을 다시 한 번 강조한다. 이상의 결의와 추천 내용은 앞에서 살펴본 유엔의 결의 내용과 크게 다르지 않다.[106]

(3) 나라별 양심적 병역거부권 보장 현황

이제 시야를 넓혀 전세계 국가에서 양심적 병역거부권이 어떻게 보장되고 있는지 살펴보자. 이 문제에 대해서는 1997년 발표된 유엔 사무총장의 보고서가 중요한 자료를 제공한다.[107]

이 보고서에 따르면 1997년을 기준으로 징병제가 없는 국가는 영국, 미국, 네덜란드, 룩셈부르크, 벨기에, 호주, 뉴질랜드, 캐나다, 일본, 말레이시아, 사우디아라비아, 인도, 파키스탄, 방글라데시, 남아프리카 공화국, 우루과이 등 69개국이고[108], 징병제가 있으나 군복무는 원칙적으로 임의적인 것으로 하는 나라는 아르헨티나, 인도네시아, 온두라스, 나이지리아, 세네갈 등 13개국이며[109], 징병제가 있으나 실시되지 않는 국가로는 엘살바도르와 나미비아의 2개국이다.[110]

양심적 병역거부나 대체복무를 전혀 인정하지 않는 국가

로는 남북한을 포함하여 중국, 싱가포르, 캄보디아, 태국, 필리핀, 베트남, 그리스, 터키, 소말리아, 수단, 에티오피아, 예멘, 이집트, 아프가니스탄, 이란, 이라크, 이스라엘, 알바니아, 그루지야, 알제리, 과테말라, 도미니카, 볼리비아, 에콰도르, 베네수엘라, 칠레, 콜롬비아, 쿠바, 페루, 온두라스 등 48개국이 있다.[111]

그리고 징병제가 있으나 양심적 병역거부를 하는 사람에게 민간에서의 대체봉사나 군에서의 비무장복무를 시키는 국가는 독일, 오스트리아, 덴마크, 네덜란드, 프랑스, 이탈리아, 스페인, 포르투갈, 노르웨이, 스페인, 핀란드, 라트비아, 리투아니아, 벨라루스, 불가리아, 슬로바키아, 슬로베니아, 우크라이나, 에스토니아, 폴란드, 체코 공화국, 헝가리, 케이프 베르드, 사이프러스 등 25개국이다.[112] 이상의 나라들은 대부분 헌법과 하위 법률로 대체복무를 인정하는데, 대체복무의 내용은 구제 활동, 환자수송, 소방업무, 장애인을 위한 봉사, 환경미화, 조경·농업, 난민보호, 청소년보호센터 근무, 문화유산의 유지 및 보호, 감옥 및 갱생기관 근무 등이며, 기간은 현역복무 기간의 1~1.4배 정도다. 네덜란드와 핀란드는 '여호와의 증인'을 위한 특별 규정을 두고 있다.[113]

3. 양심적 병역거부는 이단 종파의 교리?

양심적 병역거부자의 인권이 사회 문제로 불거지면서 일부 국회의원을 중심으로 양심적 병역거부자의 대체복무를 인정하는 법안이 제출된 바 있다. 이러한 움직임에 보수적인 기독교 단체들이 강하게 반발하고 나섰다. 대표적으로 '한국기독교총연합회'(이하 한기총)가 발표한 성명서를 보자.

여호와의 증인은 미국에서 발생한 기독교의 탈을 쓴 이단으로서 '병역거부(병역기피)', '수혈거부', '국기배례거부' 등으로 사회적 문제를 야기해왔음은 주지의 사실이다. 여호와의 증인이 집총을 거부하고 병역을 기피하는 이유는 국가와 정부를 사탄의 조직으로 보기 때문이다. (중략) 종교의 자유와 소수의 인권 보장을 내세워 여호와의 증인이 끼치는 폐해는 간과하고 마치 양심적인 종교인으로 포장하고 미화하는 발상은 위험한 것이다. 이 법안은 부작용이 클 것이다. 왜냐하면 살생을 금하는 종교도 있고 어느 종교든 전쟁이나 군입대를 거부할 수 있는 논리를 만들수 있는 개연성이 있을 뿐만 아니라 이를 특화하는 새로운 종교의 출현도 예견해볼 수 있을 것이다. 또 종교의 자유에는 개종의 자유가 있는 만큼 중간에 종교를 바꾸는 것을 강제로 막을 수 없는 문제점도 안고 있기 때문에 병역기피자의 도피처로 악용될 수 있을 것이다.114

병역거부는 '이단' 종파들이나 하는 것이므로 대체복무제는 '이단' 종파를 위한 특혜라는 주장이다. 여기에는 대체복무제를 도입하면 "병역기피 풍조가 만연한 상황에서 여호와의 증인의 집중 전도 대상이 되는 기독교인들 중 일부가 대체복무제에 귀가 솔깃해 넘어갈 수 있다"는 우려가 깔려 있다.[115]

기독교 신자가 아닌 나로서는 기독교의 '정통'과 '이단'에 대한 논쟁에 대해서는 아는 바가 적기에, 여호와의 증인의 교리가 이단인지 아닌지 말할 자격이 없다. 그러나 양심적 병역거부권 문제를 단지 '정통' 기독교와 여호와의 증인 간의 대립구도로만 바라볼 때 본래의 취지가 왜곡될까 우려스럽다. 양심의 자유와 양심적 병역거부권 문제는 기본적으로 '인권'과 관련된 문제이다. '이단'의 양심도 양심이며, '이단'의 인권도 인권인 것이다.

기독교 내에도 한 가지 목소리만 있는 것은 아니다. '한기총'과 함께 기독교계의 양 축을 이루는 '한국기독교교회협의회(KNCC)'가 전국 150여 명의 위원을 대상으로 실시한 설문조사 결과를 보면, 복무 기간을 길게 잡아야 한다는 등 단서조항을 달고 있기는 하지만 약 70%의 위원이 인권 차원에서 이 문제를 해결해야 한다는 의견을 내놓았다.[116]

그리고 기독교 신자인 법학자 김두식의 지적처럼, 양심에 의한 병역거부권은 여호와의 증인만의 전유물이 아니다.[117] 기독교도로는 최초의 병역거부 순교자였던 막시밀리

안Maximilian은 서기 295년 징집을 거부했다가 총독의 명에 따라 즉각 처형되었지만 훗날 성인 칭호를 받는다. 이후 종교개혁 그룹 중 '재세 파Anabaptists'와 그들의 교리를 이어받은 '모라비안 형제단Moravian Brethren', '메노나이트 교도Mennonites', 그리고 영국의 '퀘이커 교도Quakers'도 '기독교 평화주의Christian Pacifism'의 원칙에 따라 병역을 거부했다. 그러나 이들은 기독교에서 이단으로 취급받지 않는다. 김두식의 말을 더 들어보자.

여호와의 증인들이 존재하기 훨씬 전부터 기독교인들 중 일부는 양심에 의한 거부권을 행사해왔고, 현재 존경받고 있는 기독교 지도자들 중에도 이를 실천한 분들이 많이 있다. 기독교 내부에서는 언제나 성경의 가르침을 이런 식으로 받아들여온 입장이 있었고, 이러한 평화주의자들의 입장은 정의로운 전쟁 이론을 받아들인 주류의 입장과 함께 기독교 내부의 균형을 이루어왔다. 우리나라에서 오직 여호와의 증인들만이 병역거부의 주체인 것처럼 오해받아온 것은 세계사적으로 매우 특이한 일이다. 병역거부가 여호와의 증인들뿐만 아니라 기독교 내부에서도 있을 수 있는 입장이라는 상식을 받아들이고 나면 문제 해결은 한결 쉬워진다. 대체복무가 이단들을 위한 특혜라는 주장도, 기독교인들 중 일부가 여호와의 증인으로 넘어갈 수 있다는 우려도 모두 근거를 잃게 되기 때문이다.118

이처럼 양심적 병역거부는 초기 기독교 시기부터 있었으며, 1872년 미국에서 여호와의 증인이 등장하기 전에도 정통 기독교 내에 철저한 평화주의 원칙에 따라 양심적 병역거부를 실행하는 교파가 존재했다. 이러한 맥락에서 볼 때 양심적 병역거부권을 기독교와 이단 간의 대립구도로 끌고 가는 것은 분명한 오류다. 주5일 근무제가 십계명에 어긋나므로 반대한다는 한기총의 주장을 수용하기 힘든 것처럼[119], 양심적 병역거부자의 인권을 '이단'이라는 이유로 외면하는 것 역시 납득하기 어렵다. 이와 관련하여 나는 미국의 양대 장로교단인 '연합장로교회'United Presbyterian Church와 '미국장로교회'Presbyterian Church in the United States가 각각 1967년과 1969년 총회에서 양심적 병역거부를 지지하는 결의를 채택했다는 점을 한기총이 참조하기를 희망한다.[120]

4. 한국에서 양심적 병역거부권 실현과 대체복무제 도입을 위한 몇 가지 점검 사안

이상에서 우리는 양심적 병역거부권이 세계 민주주의 국가의 국내법과 국제인권법에서 주변적 관심 사항이 아니라 양심·사상·종교의 자유의 기본적 구성 요소로 간주되고 있음을 보았다. 또한 기독교 내에도 이를 신앙의 구성 요소로 수용하는 흐름이 있음을 확인했다.

여호와의 증인의 교리에 동의하든 않든 간에 그들이 히틀러 치하에서 보라색 딱지를 가슴에 달고 강제 수용되어 목숨을 잃으면서도 양심적 병역거부의 신조를 지켰다는 점, 최근까지 아무도 관심을 두지 않았음에도 우리나라의 수많은 여호와의 증인들이 한결같이 군복무보다 감옥을 선택했다는 점을 기억해야 한다. 그리고 '신의 이름에 부들부들 떠는 자'들인 퀘이커 신자들은 1차대전 동안 양심적 병역거부자들이 선택적 군복무의 하나로 구제사업과 구급차 부대에서 일하도록 도왔으며, 2차대전 기간에는 정신병원을 비롯한 인도적 부문에서 일하는 것도 선택적 군복무 범위에 포함되도록 노력했다. 이러한 활동을 인정받아 1947년 미국 퀘이커 봉사협회와 영국 퀘이커 봉사협회는 공동으로 노벨 평화상을 받은 바 있다.

양심적 병역거부자에게 총을 드는 행위는 자신의 양심, 신조 또는 종교의 근본을 부정하고 자기정체성을 파괴하는 것을 의미한다. 2004년 병역법에 대한 헌법재판소의 합헌 결정에서 김경일, 전효숙 두 재판관이 반대의견에서 지적한 것처럼, 양심적 병역거부자들의 병역거부를 군복무의 고역을 피하기 위한 것이거나 국가공동체에 대한 기본 의무는 이행하지 않으면서 무임승차식으로 보호만 바라는 것으로 볼 수는 없다. 그들은 공동체의 일원으로서 납세 등 각종 의무를 성실히 수행해야 함을 부정하지 않으며, 다만 집총병역의무는 도저히 이행할 수 없으니 그 대신 다른 봉사 방법을 마련해달라고 간청하고 있을 뿐이다.[121] 징병을 통한 국가의 이익도 중요하지만 이것이 양심적 병역거부자에게 집총을 강제해야 할 만큼 근본적이고 절박한 것은 아니다. 양심적 병역거부자는 처음부터 전투 행위에 적합한 사람이 아니며, 징병제를 통한 국가의 이익은 양심적 병역거부자를 처벌하거나 강제징집을 하지 않고도 충족할 수 있다.[122] 이러한 '소수자' 집단의 상황을 무시하고 기계적으로 법률을 집행하기보다는, 그들의 종교와 양심을 존중하여 다른 방식으로 사회에 봉사할 수 있도록 제도를 마련하는 것이 국가의 '의무'가 아닐까?

양심적 병역거부를 인정하는 것이 국민개병주의를 약화시킬 것이라는 우려가 있지만, 대체복무제를 잘 구성하고 운영한다면 군복무와 대체복무 간의 형평성이 유지될 수 있을 것이다. 이 점에서 나는 이하의 2004년 헌법재판소 결정의 반대의견과, 2006년 유엔인권위원회가 양심적 병역거부자 2인의 사건을 심의한 후 한국 정부에 보낸 통지 내용에 동의한다.

국방의 의무는 단지 병역법에 의하여 군복무에 임하는 등의 직접적인 집총병력 형성 의무에 한정되는 것이 아니므로 양심적 병역거부자들에게 현역복무의 기간과 부담 등을 고려하여 이와 유사하거나 보다 높은 정도의 의무를 부과한다면 국방의무 이행의 형평성 회복이 가능하다. 또한 많은 다른 나라들의 경험에서 보듯이 엄격한 사전심사 절차와 사후관리를 통하여 진정한 양심적 병역거부자와 그렇지 않은 자를 가려내는 것이 가능하며, 현역복무와 이를 대체하는 복무의 등가성을 확보하여 현역복무를 회피할 요인을 제거한다면 병역기피 문제도 효과적으로 해결할 수 있다. 그럼에도 불구하고 우리 병역제도와 이 사건 법률조항을 살펴보면, 입법자가 이러한 사정을 감안하여 양심적 병역거부자들에 대하여 어떠한 최소한의 고려라도 한 흔적을 찾아볼 수 없다.123

사회 구성원의 일부가 가지고 있는 양심상의 신념과 그 실현을 존중하는 것 자체가 사회통합과 안정된 다원화를 보장하는 데 중요한 요인이 된다. (중략) 개병주의 원칙의 근간을 훼손하지 않으면서, 군복무자와 대체복무자 간의 공평하지 못한 점을 시정함으로써, 결과적으로 사회적 공공성을 균등하게 제고하고, 개인에게도 균등한 요구가 가능한 대체복무제를 마련하는 것은 원칙적으로 가능하고 또 그것이 관행에 부합한다.124

그런데 양심적 병역거부권을 한국에서 실현하려면 몇 가지 점검해보아야 할 사안이 있다.

첫째, 양심적 병역거부권은 특정 종교 신자에게만 적용되는 사안인가 하는 문제다. 우리나라의 양심적 병역거부자들이 주로 여호와의 증인 신자임은 사실이다. 그러나 '양심적' 병역거부자라는 명칭에서도 드러나듯이 이 권리는 '종교의 자유'에서만 나오는 것이 아니라 종교와 무관한 '양심의 자유'에서도 도출되는 것이다. 따라서 여호와의 증인 신자가 아니라도 '불살생'과 '불축살생구(不蓄殺生具)'의 계를 철저히 관철하는 불교 승려나 신도, 종교는 없지만 국가가 수행하는 모든 전쟁은 악이라고 믿는 평화주의자 등도 양심적 병역거부권을 향유할 자격이 있다.

실제 양심적 병역거부 문제에 대한 대중적 관심을 불러일으킨 오태양은 불교의 교리에 따라 병역거부를 했고, 이후 민주노동당 당원인 유호근 등 종교적 배경 없이 반전주의의 입장에서 병역거부를 하는 사람도 증가하고 있다. 외국의 예를 보자면, 1971년 미국연방대법원은 이슬람 신앙에 기초하여 베트남 전쟁 참여를 거부한 권투선수 알리의 손을 들어주었고[125], 대만 정부는 불교 승려의 대체복무를 인정하고 있으며, 노르웨이 정부는 1991년부터 핵전쟁 반대운동가들의 대체복무를 인정하고 있다.

실제로 미국 연방대법원의 1965년 '시저 판결United Stated v. Seeger'[126]은 양심적 병역거부는 종교적 신념에서만 가능한 것은 아니며, "신에 대한 정통적 믿음으로 꽉 차 있는 신념에 견줄 수 있을 정도로 그 신념의 소유자의 삶에 자리 잡고 있는 진지하고 유의미한" 신념에서도 가능하다고 판시했다.[127]

그리고 앞에서 살펴본 유엔인권이사회의 1995년 83호 결의와 1998년 77호 결의도 양심적 병역거부의 근거를 "종교적, 도덕적, 윤리적, 인도주의적 또는 이와 유사한 동기"로 설정하면서, 양심적 병역거부의 신념을 그 내용에 따라 차별해서는 안 된다고 강조한 바 있다. 또 국제사면위원회Amnesty International도 양심적 병역거부권은 "종교적, 윤리적, 도덕적, 인도주의적, 철학적, 정치적 또는 이와 유사한 동기"에서 도출될 수 있음을 밝히고 있다.[128]

둘째, 양심적 병역거부권으로 인정할 수 있는 병역거부의 정도는 어디까지인가 하는 문제다. 미국 연방대법원은 양심적 병역거부는 특정 전쟁에 대한 거부가 아니라 일체의 전쟁에 대한 거부를 의미하는 것으로 보고 있다.[129] 이 입장에 따르면 (가상의) 대일본전 참전은 거부하는데 (가상의) 남북한전쟁은 참전하겠다고 하면 그는 양심적 병역거부자가 아니다. 반면 국제사면위원회는 특정 전쟁에 국한된 이른바 "선택적" 병역거부도 양심에 기초한 것이라면 인정하고 있다.[130] 그러나 이러한 선택적 병역거부를 인정한다는 것은 양심에 부합하는 전쟁과 그렇지 않은 전쟁을 구별하는 것인데, 이것이 진정한 평화주의에 부합하는지는 의문이다. 양심적 병역거부가 양심의 자유의 일부로 인정되려면 병역거부에 대한 태도가 일관되어야 할 것이다.

셋째, 양심적 병역거부자에 대한 대체복무제의 구체적 양태와 기간 문제다. 먼저 양태와 관련하여 여러 방안을 모색해보아야 한다. 양심적 병역거부자를 군부대에 배치하되 군사훈련을 면제하고 비군사적 임무를 맡기는 방안도 있을 수 있다. 그러나 이렇게 하면 오히려 군대 내에서의 위화감 조성 등 부작용이 생길 가능성이 많으므로 양심적 병역거부자는 군대 바깥에서 시민적 통제 아래 비군사적 일을 맡는 방안이 타당하다고 본다.

그리고 유엔인권이사회의 1998년 '77호 결의'가 권고한 것처럼, 대체복무의 양태와 기간은 징벌의 성격을 띠어서는 안 된다. 양심적 병역거부권을 인정하는 것이 형평성에 어긋나고 군복무 회피의 수단으로 사용될지도 모른다는 우려 때문에, 양심적 병역거부를 인정하면서도 대체복무 기간을 군복무 기간보다 지나치게 늘려 잡는다거나 대체복무 직종을 이른바 '3D직종' 등에 국한한다면 양심적 병역거부를 인정하는 근본 취지가 무색해지기 때문이다. 앞에서 살펴보았듯이 대체복무를 인정하는 나라들에서 채택한 복무 분야는 주로 사회복지와 치안 분야임을 상기할 필요가 있다.

넷째, 양심적 병역거부자의 병역거부의 양심에 대한 판단 절차의 문제가 있다. 신체검사나 징집 통지를 받았을 때 양심적 병역거부를 선택한 사람은 병역거부 이유서를 작성해야 할 것이고(종교인이라면 신도라는 증명서와 종교 보증서가 첨부되어야 할 것이다), 양심적 병역거부와 대체복무 인정 여부를 심사하기 위해 군 관계자, 종교인, 윤리학자, 법학자 등으로 구성된 가칭 '양심적 병역거부자 심사위원회'가 구성되어야 할 것이다. 그리고 유엔인권이사회의 1995년 '83호 결의'와 1998년 '77호 결의'가 요청한 것처럼, 이미 입대하여 병역의무를 수행하고 있는 사람이 새로이 양심적 병역거부를 신청할 수 있는 절차가 마련되어야 한다.[131] 2003년 현역 이등병 신분으로 이라크 전쟁 반대를 이유로 부대 복귀를 거부한 강철민의 경우가 이에 해당한다.[132] 한편 우리나라의 경우 군복무를 마친 후 예비군으로 편입된 상태에서 양심적 병역거부의 신조를 가지는 상황이 발생할 수 있으므로 예비군 훈련에 대한 거부를 신청·심사하는 절차도 필요하다. 2007년 울산지방법원 송승용 판사가 향토예비군 설치법 제15조 8항이 양심의 자유를 침해한다며 위헌법률심판을 제청한 이유도 이러한 맥락에서 이해될 수 있다.[133] 또한 양심적 병역거부로 유죄 판결을 받고 투옥된 사람들을 위한 가석방·특별사면 등의 구제 절차도 필요할 것임은 물론이다.

5. 결론

민주화 이후에도 사회 곳곳에 침윤된 군사 문화는 여전하고, 한편으로는 병역 비리가 반복되고 있는 우리 현실에서 어떤 이유에서든 병역을 거부한다는 것은 엄청난 비난을 자초하는 일이다. 그러한 권리가 있다고 말하는 것부터 황당한 주장으로 여겨질지도 모른다.

그러나 지금까지 살펴보았듯이 양심적 병역거부는 단지 소수파 종교집단의 반사회적 행동이 아니다. 대부분의 민주주의 국가에서 헌법상의 권리로 인정하고 있으며, 국제법으로도 승인된 인권 중 하나다. 이러한 맥락에서 양심적 병역거부 때문에 투옥된 사람은 새로운 유형의 '양심수'로 불릴 만한 충분한 근거가 있다.

헌법 제37조 2항에 따라 국가의 안전 보장과 질서 유지 또는 공공복리를 위해서는 법률에 의해 양심의 자유를 제한할 수 있다거나 헌법 제39조 1항이 병역의 의무를 규정하고 있는 이상 양심의 자유도 이 테두리 안에서만 허용된다는 식의 논리는 양심적 병역거부자가 맞닥뜨리는 심각한 상황을 너무도 안이하게 파악한 결과다. 정의로운 전쟁을 인정하고 병역을 수행하는 양심이 존중되어야 하는 것처럼, 모든 전쟁을 거부하는 양심도 인정되어야 한다. 시민의 양심은 하늘의 수많은 별처럼 서로 다르면서도 각자의 광도로 아름다운 빛을 발할 수 있도록 존중되어야 한다. 이 점에서 양심적 병역거부자를 위해 대체복무제를 도입하는 것은 한국 민주주의의 수준을 한 단계 높이고, 우리 사회에 관용의 원리를 정착시키는 중요한 계기가 될 것이다. 2004년 헌법재판소 결정의 다수의견도 양심적 병역거부를 처벌하는 병역법이 위헌은 아니라고 결정하면서도 입법자가 대체복무제의 도입을 진지하게 검토해야 한다고 권고하지 않았던가?[134] 그리고 그 이전이라도 양심적 병역거부자에 대한 처벌을 경감하는 조치는 즉각 필요하다. 민주주의는 단지 다수의 지배만을 뜻하는 것이 아니다. 소수자의 인권을 배척하고 그들의 고민과 신조를 외면하는 다수의 지배는 다수의 전제(專制)일 뿐이다.

물론 양심적 병역거부권이 보장되면 병역기피 풍조가 더욱 널리 퍼지는 것은 아닐까, 또 모든 남성이 군복무를 거부하고 대체복무를 택하지는 않을까 하는 우려가 있음을 알고 있다. 그러나 우리나라와 같은 분단국가로서 대체복무법을 실시하고 있는 대만의 경우 그러한 부작용은 아직 보고되지 않았다. 여호와의 증인들은 병역거부 외에도 수혈거부를 신조로 삼고 실천하고 있는데, 단지 병역기피를 위하여 평생 수혈거부를 실천할 사람은 어렵다. 그리고 양심적 병역거부 여부에 대한 1차 판정 후에도 수년에 걸친 후속 심사 과정을 의무화하고, 병역거부 신념이 허위로 드러날 경우 처벌하는 조항을 마련한다면 이 권리가 단순한 병역기피 수단으로 사용되는 것을 막을 수 있을 것이다.

제 3 장

빨갱이 콤플렉스와 사상을 표현·실현할 자유

사상의 자유의 원칙은 우리와 의견을 같이하는 사람들을 위한 것이 아니라, 우리가 증오하는 사상을 위한 자유의 원칙을 뜻한다.

— 홈스 미국 연방대법원 대법관

불법적인 행동으로 직결되는 선동과 추상적인 원리의 선동은 구별해야 한다. — 미국 연방대법원의 1957년 '예이츠 판결'

1. 사상의 자유는 사회 진보의 필수조건이다

사상은 세계관, 인생관, 정치적 신조 등을 포괄하는 단어다. 인류의 이성을 발전시키고 인류 사회가 새로운 단계로 나아가는 과정에는 항상 기존의 체제를 비판·부정하는 사상이 있었다. 인류 역사에서 르네상스, 종교개혁, 계몽주의, 자유주의, 사회주의 같은 사상의 역할을 상기해보라. "창조적 부정의 정신"[135]을 골자로 하는 사상의 자유는 사회 진보를 위해 절대적이고 필수불가결한 전제조건이다.

사상의 자유를 자유주의의 입장에서 이론화하는 작업은 멀리는 밀턴John Milton의 《아레오파지티카Areopagitica》(1644)까지 거슬러 올라간다. 그는 진리란 들판에서 오류와 맞붙어 싸우고 다른 견해와의 "자유롭고 공개적인 만남"을 통해 정립된다고 주창함으로써 '사상의 자유시장marketplace of ideas' 이론의 원조가 되었다.[136] 그리고 이후 밀J. S. Mill이 더 구체적으로 이 이론의 체계를 세운다. 밀은 《자유론On Liberty》 (1859)에서 사상의 자유가 필요한 근거로 다음의 네 가지를 제시했다. 첫째, 어떤 사상이 침묵을 강요당하는 경우 어쩌면 그 사상이 진리일지 모른다. 둘째, 설사 침묵을 강요당하는 사상이 잘못된 것이라 할지라도 그것은 통상 진리의 일부분을 포함하고 있다. 셋째, 진리라고 널리 인정되는 사상의 경우도 그것에 대해 진지하고 활발하게 논쟁하는 것이 허용되지 않는다면 그 사상을 받아들이는 사람들은 대부분 마치 자신이 편견에 사로잡힌 것처럼 생각해 그 사상의 합리적 근거를 이해하고 실감하기 어렵게 된다. 넷째, 자유로운 토론이 허용되지 않는다면 교설 자체의 의미가 없어지거나 약화되어 그 사상이 사람의 인격과 행위에 미치는 영향력이 상실될 수 있다 등이다.137

그리고 1919년 미국 연방대법원의 '아브람스 판결Abrams v. United States'138에서 홈스 대법관이 내린 판시도 유명하다.139

시간이 흐름에 따라 많은 전투적 신념들이 뒤집어 엎어져왔음을 깨달을 때, 사람들은 자기 행동의 기초를 신봉했던 것보다 훨씬 더 이하의 점을 믿게 된다. 즉 **진리 여부를 가리는 최고의 검증방법은 그 사상이 시장의 경쟁 속에서 수용되는 힘을 갖고 있는가** 하는 것, 진리는 사람들의 희망이 안전하게 실현될 수 있는 유일한 근거라는 점이다. 여하튼 이것이 헌법의 이론이다.140

한편 사회주의도 사상의 자유를 지지한다. 엥겔스Friedrich Engels는 이렇게 말한 바 있다.

노동운동은 현존하는 사회에 대한 가장 예리한 비판에 근거하고 있고, 비판은 이러한 노동운동에 없어서는 안 될 생명의 양식이다. 노동운동이 스스로 비판을 억압한다든가, 토론을 금한다든가 하는 것이 가능할까? 대체 우리가 타인들에게 우리 발언의 자유를 요구하는 것은 우리 당의 전열에서는 그러한 자유를 폐지하기 위한 것이란 말인가?141

그리고 '문화대혁명'이라는 극좌적 행동을 추진하기 전에 마오쩌둥(毛澤東)은 1957년 〈인민 내부의 모순을 정확하게 처리하는 문제에 대하여〉에서 다음과 같이 말했다.

예술에서 여러 형식과 유파는 자유롭게 발전할 수 있으며, 과학에서도 여러 학파가 자유롭게 논쟁할 수 있다. 행정역량을 동원하여 한 종류의 유파와 학파만을 강제적으로 권장하고 다른 종류의 유파와 학파를 금지한다면, 이는 예술과 과학의 발전을 해친다고 생각한다.142

"권위와 이성의 끊임없는 투쟁의 결과"143 사상의 자유는 근대 시민혁명 이후 민주주의의 핵심으로 자리 잡게 되어, 각국의 시민혁명의 선언에 명문화된다. 1789년 프랑스 대혁명의 '인간과 시민의 권리선언' 제11조는 "사상과 의견의 자유로운 전달은 인간의 가장 귀중한 권리의 하나이다"라고 선언하고 있다. 또 1917년 러시아 혁명 후 채택된 '근로·피착취 인민의 권리선언'도 같은 내용을 담고 있다.

그러나 사상의 자유는 이후 파시즘 체제와 현실 사회주의 체제 아래서 형식적으로만 인정되었을 뿐 제대로 실현되지 못했다. 이를 교훈 삼아 현대 민주주의 국가의 헌법과 각종 국제법적 효력을 지니는 선언은 사상의 자유를 핵심적 인권으로 규정한다. 1948년 채택된 세계인권선언 제18조는 "사람은 누구를 막론하고 사상, 양심 및 종교의 자유를 향유할 권리를 가진다"라고 밝히고 있으며, 제19조는 "인간은 누구나 자유롭게 자신의 의견을 가지고 이를 발표할 권리를 가진다. 이 권리는 간섭 없이 의견을 가질 자유와 어떤 방도를 통해서나 국경의 제한 없이 정보와 사상을 탐구, 입수, 전달하는 자유를 포함한다"라고 하여 사상의 자유와 그 실현의 자유를 재확인하고 있다. 그리고 1966년 채택되고 1976년 발효된 'ICCPR' 제18조는 양심과 사상의 자유를 규정하고 있으며, 제19조는 "간섭 없이 의견을 가질 권리"와 "모든 종류의 정보와 사상을 구하고 수용하고 전달할 자유"를 포함하는 '표현의 자유freedom of expression'를 보장하고 있다. 또 1995년 유엔인권이사회에 제출된 특별보고관의 보고서는 홈스 대법관의 어법을 빌려 다음과 같이 말하면서, '사상의 자유시장' 이론의 의미를 재확인했다.

진리는 사상의 충돌을 통해서만 드러날 수 있다. 왜냐하면 진리 여부를 가리는 최고의 검증 방법은 그 사상이 사상의 시장에서 벌어지는 경쟁 속에서 수용될 수 있는 힘을 갖고 있는가 하는 것이기 때문이다.[144]

헌법학계에서는 이러한 사상의 자유가 '정신적 자유권'의 핵심으로 '경제적 기본권'보다 더 강력하게 보장되어야 한다는 데 뜻을 같이한다('정신적 자유의 우월론'). 따라서 국가의 존립이나 공공복리 등을 이유로 사상의 자유를 규제하는 경우에도 ①그 규제법령의 합헌성은 경제적 기본권을 규제하는 법령의 합헌성보다 엄격한 기준에 따라 판단해야 하며('합헌성 추정 배제의 원칙'), ②그 법령이 막연하거나 불명확한 경우에는 무효이며('명확성의 원칙' 또는 '막연하므로 무효void for vagueness'의 이론)[145], ③사상의 자유를 사후적으로 제약할 경우에는 해악 발생의 확실성과 제한의 절대적 필요성이 인정되는 경우에 한하여 정당화된다('명백하고 현존하는 위험clear and present danger'의 원칙)[146] 등의 원리를 지켜야 한다.[147]

그런데 21세기 인권 선진국을 지향한다는 우리나라에서 보이는 사상의 자유는 어떤 모습인가?

2. '빨갱이 귀신'에 사로잡힌 사상의 자유

우리 사회에서 '사상'이라는 단어는 그 자체로 피 냄새가
난다. 민주주의 사회라면 마땅히 "당신의 사상은 무엇인가?"
라는 질문을 자유롭게 주고받고 토론할 수 있어야 한다. 그
러나 우리나라에서 이 질문은 상대방을 말살하는 도구로 사
용되어왔다. 우리 현대사에서 "당신 사상이 의심스럽다"는
말은 실로 한 사람의 모든 것을 앗아갈 수 있는 파괴력을 지
녔으며, '빨갱이'라는 낙인은 "다른 모든 사회적 지위를 압
도하는 주지위"[148]를 차지하고 있었다. 분단과 독재가 계속
되는 상황에서 이를 비판하거나 부정하는 사상을 펼치는 사
람들은 여지없이 빨갱이라는 낙인이 찍히고 목숨까지 빼앗
기는 엄혹한 시련을 겪어야 했다. 조선시대 집권 사림세력
이 반대파를 '사문난적(斯文亂賊)'으로 낙인찍고 억압했던 악
폐가 현대에 반복된 것이다. 그러니 일반 시민들은 '사상'이
라는 말만 나와도 두려워하기 마련이다. "수상 → 불순 → 좌
익/좌경 → 용공 → 간첩"이라는 "반공주의의 회로"[149]가 작
동하면서 모든 시민이 체제에 순응하도록 강요당한 것이다.

이러한 '사상 공포증'은 분단과 권위주의의 산물이다. 사
실 해방 직후 한국 사회의 이데올로기 지형은 좌파가 주도권
을 쥐고 있었다. 당시 미군정이 만 명을 대상으로 실시한 여
론조사에서 "자본주의, 사회주의, 공산주의 체제 중 어느 체

제를 좋아하는가?"라는 질문에 자본주의라고 답한 사람은 13%에 불과했고, 사회주의라고 답한 사람이 70%, 공산주의라고 답한 사람이 10%였다.[150] 당시 우파의 대표격인 한민당조차 이러한 흐름을 좇아 현재의 시각으로 보면 매우 '급진적'인 독점자본의 국유화라는 강령을 내걸고 있었다.[151]

이러한 해방 정국의 '좌경반 지형화'는 한국전쟁을 거치면서 '우경반 지형화'로 변하게 된다.[152] 좌익이라는 이유로 동조자는 물론 마을 주민 전체가 사살되고 마을이 소각되는 등 무차별 살상과 테러, 체포, 검거가 시행되는 상황에서 일반 민중은 무력감, 패배감과 함께 살아남아야 한다는 절박함으로 반공이라는 가치를 선택하게 되었다.[153] 외부에서 이식된 반공 이데올로기는 전쟁과 좌우익 간의 잔혹한 싸움을 거쳐 분단이 고착화되어감에 따라 남한 대중에게 내면화되어 "의사(擬似)국민적 가치"로 자리 잡게 된 것이다.[154]

그 뒤 수십 년 동안 이어진 권위주의 체제 아래에서 반공과 분단의 논리는 다른 어떤 사회적 가치보다 우위에 서게 되고, 이 논리에 동조하지 않는 사람에게는 자유주의자든, 민족주의자든, 사회주의자든 가리지 않고 빨갱이라는 낙인이 찍혔다. 그리고 한 번 이 낙인이 찍히면 합리적인 토론과 대화는 발을 붙일 수가 없었으며, 가혹한 형벌이 가해졌다. 한 노동운동가의 말은 정곡을 찌른다.

노동자가 계급으로서 성숙·성장해오기 전에 빨갱이 귀신이 한반도 남단 전체를 검은 구름으로 뒤덮고 있었다. 무수한 사람들이 빨갱이가 되기도 전에 빨갱이로 몰렸다. 자격 없는 빨갱이가 단지 정권안보와 착취질서의 편성을 위해 대량으로 만들어졌다. 근로기준법 준수 요구에 빨갱이 딱지가 너무나도 자연스럽게 붙여졌던 시절이 있었다. 그리고 그 빨갱이 중에 남아 있는 사회주의자는 이제 거의 없다. 이것만 봐도 함량 미달의 빨갱이 날조가 얼마나 드셌는가를 짐작할 수 있다.155

이러한 '빨갱이 귀신'이 우리 자신과 사회를 어떻게 만들어 놓았는가? 정치학자 권혁범의 날카로운 지적처럼, 이 귀신은 우리에게 불법적이고 부패한 현실에 순응하는 버릇을 들였고, 그것에 도전하면 쓸모없는 고통과 번민만 따를 뿐이라는 공포를 심어주었으며, 나아가 이를 통해 유지되는 집단적 범죄 행위에 동참하고 인정하는 데까지 나아가게 했다. 이 속에서 우리 사회는 모든 것이 '용공'과 '반공'의 이분법으로 재단되고 모든 비판적·이탈적 문제제기는 위험한 것으로 간주되는, 따라서 언제나 말조심해야 하는 사회가 되고 말았다.156 그 결과 우리 사회에서 사상의 자유는 '반공 사상만의 자유' 또는 '무(無)사상의 자유'로 왜곡되고 말았다.

이 빨갱이 귀신은 21세기를 살아가는 현대 한국 사회에서도 여전히 끈질긴 생명력을 자랑하고 있다. 선거 때나 중요한 정치적 국면마다 단골로 등장하는 '색깔론'을 생각해보

라. 지난 1997년 제15대 대통령 선거 하루 전날 맹형규 당시 신한국당 대변인이 김대중 후보를 겨냥하여 발표한 "서울의 붉은 정권은 절대 용납할 수 없다"는 논평이 대표적인 예다. 수평적 정권 교체가 이루어진 뒤에도 정치학자 최장집, 한완상 장관 등은 결코 사회주의자가 아니었지만, 극우·냉전·수구의 논리에서 벗어난다는 이유만으로 빨갱이 낙인을 받고 시련을 겪어야 했다. 1997년 8월 외국인용 명함에 국호를 7개 국어로 표기하면서 한국이라는 한자 뒤 괄호 속에 '남조선'을 같이 적은 국회의원 이석현 역시 색깔론을 이용한 마녀사냥을 피할 수 없었다. 그리고 노무현 정부는 출범 직후부터 줄곧 "친북좌익 정권"이라는 비난을 받아야 했다.

보수야당인 한나라당 내에서도 심심찮게 빨갱이 소동이 벌어진다. 원내대표 경선이 치열해지자 민주화운동 경력을 가진 이재오 의원에 대해 빨갱이라는 비난이 퍼부어졌고, 심지어 서울시장을 역임한 유력 대선후보 이명박에 대해서도 빨갱이라는 비난이 가해졌다.

한편 해방 후 나온 최고의 장편소설 가운데 하나로 평가받으며 500만 부가 팔린《태백산맥》의 작가 조정래, 통일교육을 강조하는 청소년용 교재《나는야 통일 1세대》의 저자인 법학자 이장희, 북한 노선과 한국 자본주의의 모순을 동시에 비판하는 대학 교재《한국사회의 이해》를 만든 경제학자 장상환, 제주 4·3 사태를 다룬 다큐멘터리〈레드 헌트〉를 만든

김동원 감독과 이를 인권영화제에서 상영하게 한 서준석 등도 '이적표현물'을 제작했다는 혐의로 수사를 받아야 했다. 이들에 대해 최종적으로는 기소가 이루어지지 않거나 무죄판결이 내려졌지만, 그 기간 동안 이들이 받은 정신적 고통과 학문·창작·예술의 자유의 위축은 심대했다.

이러한 빨갱이 귀신에 사로잡히면 사람과 사물을 색안경을 통해서만 보게 된다. 그래서 흔히 어처구니없는 판단을 할 수 있다. 예컨대 이하 몇몇 사람의 주장을 들어보자. 영국의 세계적인 분석철학자이자 반전·반핵 평화운동가였던 러셀Bertrand Russel은 '길드 사회주의Guild Socialism'을 주창하면서 다음과 같이 말한 적이 있다.

> 사회주의와 무정부주의적 공산주의의 특징적 교리인 토지와 자본의 공동 소유제는 현재 세계를 괴롭히고 있는 악을 제거하기 위한, 그리고 모든 인간적인 사람들이 실현되기를 소망해야 하는 그런 사회를 창조하기 위한 필수적인 일보이다.157

세계적인 물리학자 아인슈타인Albert Einstein의 이야기도 들어보자.

> [자본집중의 결과]는 효과적으로 제어될 수 없는 엄청난 힘을 가진 사적 자본의 과두제의 출현이다. (중략) 무제한의 경쟁은 엄청난 노동의 낭비

를 초래하며, 또한 개인의 사회의식을 불구로 만든다. 이렇게 개인을 불구로 만드는 것이야말로 자본주의의 가장 나쁜 악이다. (중략) 확신컨대 이처럼 심각한 사회악을 제거할 수 있는 유일한 방법은 사회주의 경제를 확립하는 것이며, 아울러 사회적 목표를 지향하는 교육체계를 확립하는 것이다.158

만약 러셀과 아인슈타인이 이러한 발언을 했을 당시 우리나라에 있었다면 빨갱이로 낙인찍히고 국가보안법 위반 혐의로 수사를 받아야 했을 것이다. 그들의 위대한 철학적 또는 과학적 업적은 송두리째 무시되면서 말이다. 약 60년 전 채만식은 《도야지》(1948)라는 소설에서 빨갱이를 이렇게 정의했다.

불원한 장래에 사어(死語)사전이 편찬된다면 빨갱이라는 말은 당연히 거기에 오를 것이요, 그 주석엔 가로되 1940년대의 남북조선에 볼쉐비키, 멘쉐비키는 물론 아나키스트, 사회민주당, 자유주의자, 일부의 크리스챤, 일부의 불교도, 일부의 공맹교인, 일부의 천도교인 그리고 중등학교 이상의 학생들로써 (중략) 단지 추잡한 것과 부정사악한 것을 싫어하고 아름다운 것과 바르고 참된 것과 정의를 동경, 추구하는 청소년들, 그 밖에도 XXX와 OOO당의 정치노선에 따르지 않는, 모든 양심적이고 애국적인 사람들 (중략) 이런 사람들을 통틀어 빨갱이라고 불렀느니라.159

채만식의 통렬한 풍자가 아직도 정확하게 들어맞는다고 생각하는 것은 나만의 착각일까? 근래 재계의 입장을 대변하는 자유기업원 원장은 사립학교 재단이사회의 권한 축소, 대주주를 억압하는 소액주주제도의 확대, 3대 중앙지를 탄압하려는 무가지 발행 제한 등을 예로 들며 정부가 참여연대, 전교조, 민주노총 등과 합세해 '좌경화'의 길로 들어섰음을 보여주는 것이라고 주장했다. 또한 '자유시민연대' 등의 단체는 학교운영위원회를 '인민위원회'로 규정하고 전교조와 참여연대를 좌익단체로 매도하고 있다. 또한 《월간조선》 대표 조갑제는 "대한민국의 주적(主敵)은 남한 내 좌익이고 주전장은 서울이다"라면서 "북한의 연방제 통일방안을 지지하는 사람은 일단 친북 세력으로 보아야 한다", "북한 정권이 줄기차게 주장해온 주한미군 철수와 국가보안법 폐지에 동조하는 사람은 지극히 위험하고 친북 세력일 가능성이 매우 높다"라고 단정하고, "멸공국민혁명"을 제창하고 있다.[160]

민주주의와 인권 신장을 지향한다는 21세기 한국에서 여전히 "오른쪽은 신성하고 왼쪽은 악하다는 위대한 착각"[161] 이 활보하고, 냉전·반공·분단의 도그마를 비판하고 극복하려는 사람은 빨갱이로 모는 마녀사냥이 여기저기서 일어나고 있는 것이다.

3. 반체제 사상의 표명과 실천은 범죄로 처벌받아야 하는가?

이러한 '적색 공포증' 또는 '빨갱이 콤플렉스'에도 불구하고, 1980년대 말 우리 사회에는 스스로 '사회주의자'라고 부르는 사람들이 등장했다. 이들은 "이불 속의 사회주의자"에 머무르지 않고, "그렇소, 우리는 사회주의자요"라고 공개적으로 자신의 사상을 표명하고, 그 사상을 실현하기 위해 언론·출판·집회·결사·시위 등의 활동을 펼쳤다.162

이들은 권위주의 체제를 무너뜨리려는 민주주의운동과 함께 자본주의의 모순을 비판하고 이를 극복하려는 사회주의운동을 전개했고, 그 결과 국가보안법 위반죄로 중형을 선고받았다. 그리고 이들 외에도 '극렬·좌경·급진·용공' 등으로 매도된 수많은 사람들이 군사독재를 끝내는 데 온몸을 바쳤음은 잘 알려져 있다. 일제 강점기에 수많은 사회주의자들이 민족해방 투쟁에 헌신했음을 부정할 수 없듯이, 권위주의 체제 아래에서 이러한 '빨갱이'들이 군사독재 타도 투쟁에 앞장선 것 역시 사실이다. 우리 사회에서 진보와 민주의 견인차 역할을 한 사람을 알려면 국가보안법 전과자 명단을 보면 된다고 말하면 너무 지나칠까?

권위주의 정권에 의해 빨갱이라는 낙인이 찍히고 국가보안법 위반 등으로 사형까지 언도받았던 김대중 대통령, 인권

변호사로 활약하며 민주화운동에 합류했던 노무현 대통령 집권 기간에도 국가보안법 위반 조직 사건은 계속 일어났다. 국제사회주의자들(IS), 전국학생연대, 진보민중청년연합, 안양민주화청년연합, 민족통일애국청년회, 민족사랑청년노동자회, 한국대학총학생회연합, 한국청년단체협의회, 노동자정치활동센터, 진보와 연대를 위한 보건의료운동연합, 조국통일범민족연합(범민련) 남측본부 등이 대표적 예다.

위의 조직 사건을 둘러싼 과장·조작 시비부터 가려야 하겠지만, 어쨌든 이 조직들의 강령과 규약은(북한 정권과 주체사상에 동조하고 반대하는 등의 차이는 있으나) 사상의 스펙트럼에서 분명 왼쪽에 놓을 수 있을 것이다. 민주주의가 아니라 반공을 국시로 생각하는 사람들에게 이러한 조직은 여전히 박멸되어야 할 '빨갱이', '극렬·좌경·급진·용공' 단체로 보일지 모른다. 그러나 민주주의의 전면적 실현을 위해 양심과 사상의 자유의 전면적 보장이 필요하다는 관점에서는 이렇게 묻지 않을 수 없다. 자본주의를 비판하고 부정하는 사상과 활동은 민주주의의 적이므로 무조건 억눌러야 하는가? 좌경적 또는 좌익적 사상을 표현하고 실현하는 활동을 범죄로 규정하고 처벌하는 것이 민주주의인가? '미제국주의' 축출, 주한미군 철수나 연방제 통일 등을 주장하며 활동하는 것은 북한에 동조하거나 북한을 이롭게 하는 행위이므로 처벌되어야 마땅한가?

이러한 물음에 답하기 전에 먼저 짚고 넘어가야 할 두 가지 사안이 있다. 먼저 소련과 동구의 사회주의 체제가 이미 무너졌는데, 새삼 반자본주의 사상의 자유를 말할 필요가 있는가 하는 것이다.

'현실 사회주의' 체제는 자체의 모순 때문에 몰락했다. 스탈린주의와 그 변종 이데올로기가 가져온 폐해는 이제 모두 아는 사실이 되었다. 사회주의가 자본주의적 '근대'를 극복하는 해방 이데올로기가 아니라, 자본주의적 '근대'를 따라잡기 위한 동원 이데올로기로 전락했을 때부터 몰락의 씨앗은 자라고 있었다.[163] 그러나 현실 사회주의가 무너졌다고 해서 좌파 이념의 존립 근거가 사라지는 것은 아니다. 현실 사회주의의 실험이 실패했다 하더라도 자본주의의 모순이 존재하는 한 사회주의 사상은 재생산될 수밖에 없기 때문이다. 현실 사회주의가 몰락하고 자본주의가 전지구화하고 있지만, 이에 비례해서 자본주의의 모순 역시 확산·심화되고 있다는 것은 새삼스러운 지적이 아니다. 자본주의로 역이행한 과거 사회주의권 나라에서 보이는 물신 숭배, 사회·경제적 약육강식, 부익부 빈익빈 현상 등은 자본주의의 모순을 분명히 보여주고 있으며, 사회주의라는 대립물이 사라진 상황에서 전세계를 지배하고 있는 신자유주의는 "야차(夜叉)의 얼굴"[164]을 드러내고 있다. "인간의 얼굴"이 없었던 사회주의 체제가 실패한 실험이었듯, 현대 자본주의 체제도 "인간의 얼굴"을 갖추지 못했다. 후쿠야마Francis Fukuyama처럼 "역사의 종언"[165]을 호언장담할 때는 아니다.

다음으로 2000년 민주노동당이라는 좌파 정당이 합법화되어 국회와 지방자치단체에 의석을 확보하는 등 활동을 하고 있으니, 이제 우리 사회에서 사상의 자유를 논하는 것이 큰 의미가 없지 않은가 하는 의문이 있을 수 있다.

"자본주의의 질곡을 극복하고, 노동자와 민중 중심의 민주적 사회경제 체제를 건설"하고, "인류사에 면면히 이어져온 사회주의적 이상과 원칙을 계승·발전시켜, 새로운 해방 공동체를 구현"하겠다는 강령을 가지고 있는 정당이 합법화되었다는 점은 사상의 자유의 보장이라는 측면에서 획기적 발전임에 분명하다. 만약 민주노동당이 1970, 1980년대에 조직되었더라면 당 간부들은 사형이나 무기징역 등 중형에 처해졌을 가능성이 높다. 유신체제에서 "사법살인"이라고 일컬어졌던 '인민혁명당재건위원회' 사건을 생각해보라.[166] 민주노동당 노선에 찬동하지 않는 사람이라도, 민주노동당의 활동으로 한국 정치 지형(地形)이 확대됨은 물론, 우파 정당에서 외면했던 우리 사회의 문제점이 바로 지적되어 사회모순 해결을 위한 논의가 보다 깊고 넓어지고 있음에는 동의할 것이다. 그리고 과거 자신의 정치적 대변자를 가지지 못했던 근로 계급이나 소수자 집단이 이제 자신의 목소리를 의회에 반영할 수 있는 정치적 통로를 가지게 되었기에 사회갈등의 폭발을 예방할 수도 있게 되었다.

그런데 현재 좌파 정치운동세력이 모두 민주노동당에 흡수·포괄되어 있지는 않은 것 같다. 그 이유는 다른 좌파 세력이 민주노동당보다 더 '과격'한 정치적 지향을 가지고 있기 때문일 수도 있고, 민주노동당의 활동 방식에 동의하지 않기 때문일 수도 있을 것이다. 그리고 정당조직은 아니지만 '친북' 세력으로 규정되어 항상적인 감시와 처벌의 대상이 되는 운동집단이 있다. 대표적으로는 '조국통일범민족연합 남측본부'를 들 수 있다. 1990년 결성된 이 조직은 7·4공동성명에서 천명한 자주, 평화통일, 민족대단결의 조국통일 3대 원칙과 6·15 공동선언 정신에 따라 통일국가를 수립한다, 민족 내부 문제에 대한 외세의 지배와 간섭을 반대 배격한다, 낮은 단계의 연방제와 연합제의 공통점을 인정하고 이에 기초하여 나라의 통일을 지향해나간다 등을 강령으로 삼고 있다. 강령 자체로 보자면 범민련의 강령은 민주노동당의 강령보다 덜 '과격'하지만, 북한과의 연계를 모색한다는 점에서 공안당국의 주목을 받고 있다. 이 단체는 2008년 대법원에 의해 이적단체로 확정되었고[167], 이 단체의 핵심간부는 국가보안법상 금품 수수, 회합통신, 편의제공, 찬양고무 등의 혐의로 유죄 판결을 받았다.

이러한 점에서 민주노동당 외부에서 활동하는 좌파 정치운동세력, 국가가 허용한 북한과의 공식통로가 아닌 '밑으로

부터 연대'를 통한 통일운동을 전개하는 단체 등에 대해 우리 국가와 사회가 어떠한 태도를 취할 것인가의 문제는 여전히 남아 있다.

다시 본론으로 돌아오자. 한 시민이 혁명적 사회주의·공산주의의 이름을 걸고 또는 '미제축출'·'연북통일'의 기치를 내세우고 살인, 방화, 폭발물 사용 등을 예비·음모·실행하거나 또는 간첩, 내란, 외환 등을 예비·음모·실행한다면 그는 마땅히 처벌을 받아야 한다.

문제는 이들이 자신의 강령을 선전·선동하고 조직을 결성하고 집회·시위를 하는 경우다. 현재 대법원은 "사상의 자유도 그것이 순수한 내심의 상태에서 벗어나 반국가단체를 이롭게 하는 외부적인 형태로 나타난 경우에는 그 한계를 넘은 것"[168]으로 보고 있다. 그리고 사상의 실현 활동이 구체적인 위험 및 그 가능성과 상관없이, "대한민국의 안전과 자유민주주의 체제를 위협하는 적극적이고 공격적인 표현으로서 표현의 자유의 한계를 벗어난 것"이기만 하면 처벌 대상이 된다는 기준을 제시한 판결은 폐기되지 않고 있다.[169] 이러한 태도가 우리 정부가 비준한 세계인권선언과 ICCPR의 취지에 부합하는 것일까? 또한 이는 대한민국의 국가질서로 강조되는 '자유민주적 기본 질서'와 부합하는 것일까? 민주주의 사회에서 체제를 비판·부정하는 사상을 표명하고 실현하는 행위는 어떠한 기준에 따라 제약될 수 있는가?

1995년 유엔인권이사회에 제출된 특별보고관의 보고서는 유럽인권법원의 견해를 빌려 다음과 같이 말했다.

표현의 자유는 우호적으로 수용되거나 모욕적이지 않은 또는 무관심한 문제로 간주되는 정보와 사상에만 적용되는 것이 아니라, 국가 또는 일부 주민에게 모욕과 충격을 주거나 교란시키는 정보와 사상에도 적용된다. (중략) 이는 다원주의, 관용 및 관대함의 요청이며, 이것 없이는 민주주의 사회가 존재할 수 없다.170

이러한 관점에 비추어볼 때 우리 사회 민주주의의 수준은 과연 어떤가? 사회 발전은 그 사회의 근본적 모순에 대한 비판 활동을 처벌하는 것이 아니라 그것을 보장함으로써 가능하다. 그 비판이 왼쪽에서 오든 오른쪽에서 오든 말이다. 급진적인 체제 비판·부정의 사상이라 할지라도 그 사상의 표명과 실천이 폭력과 파괴 행위 등을 수반해 사회에 즉각적이고 명백한 해악을 끼치지 않는 한, 그것은 사상의 자유의 하나로 보장되어야 한다. 법학자 정태욱의 다음과 같은 말에 귀를 기울여 보자.

…단지 남한에 비판적이고 북한에 우호적이라는 이유로 처벌한다거나, 급진적인 체제 비판과 변혁의 주장을 북한에 동조하는 것이라 하여 처벌하는 것은 결코 용인될 수 없다. 단순한 찬양·고무·동조 행위는 오히

려 남북화해라는 차원에서 허용될 수 있어야 할 것이며, 급진적인 체제 비판은 우리 사회의 발전과 성숙을 위한 사상의 자유로서 보장되어야 할 것이다.171

연방제 통일이나 주한미군 철수 주장도 그것이 북한의 주장과 같다고 해서 무조건 처벌해서는 안 된다. 법학자 김종서가 말한 것처럼, 연방제 통일은 통일 한국의 국가 체제를 위해 진지하게 토론해야 하는 중요한 주제다. 이 주장을 바로 북한을 찬양·고무하는 것으로 연결해 처벌하는 것은 조급한 단선적 사고의 산물이며, 이는 사상의 자유를 침해할 수밖에 없다.172 주한미군 철수 주장 역시 마찬가지다. 김종서의 지적처럼, 미군 철수라는 '주장'은 미군 철수라는 '사실'과 분명히 구별해야 한다. 주한미군 철수 한마디에 미군이 썰물처럼 물러갈 것이라고 생각할 수는 없지 않은가?173 그리고 남북통일 후에도 미군 주둔이 필요할 것인지 여부는 한반도를 둘러싼 국제적 역학관계를 고려하며 진지하게 토론되어야 할 주제다.

보수 진영에서는 '미 제국주의'라는 단어 자체에 알레르기 반응을 보이겠지만, 세계 유일 초강대국인 미국의 대외 정책이 제국주의적이라는 비판은 전세계 어디서든지 발견할 수 있다. 사회주의권이나 제3세계 국가의 경우는 차치하고, 미국 내에서도 촘스키Noam Chomsky 같은 지식인의 비판은 널리 알려져 있다.[174] 한반도를 둘러싼 국제적 역학관계를 고려할 때 미국의 힘을 무시할 수 없고, 한국 경제의 발전을 위한 미국 시장의 중요성을 간과해서는 안 되지만 미국의 '제국주의'적 정책에 대한 비판은 한국을 위해서도 또한 미국을 위해서도 필요하다. 이러한 맥락에서 볼 때 미국 연방대법원이 미국 시민이 성조기를 불태우는 것을 표현의 자유로 인정하고 있음에 반해[175], 우리 대법원이 한국의 대학생이 반미시위를 하며 성조기를 불태우는 것은 국가보안법 제7조 위반의 '이적' 행위로 처벌한 것은 참으로 이해하기 어렵다.[176]

한편 이상과 대비되는 예를 들어보자. 2004년 국회에서 대통령에 대한 탄핵소추가 의결되었을 당시, 탄핵 지지 집회를 주도한 '국민행동본부'나 조갑제 《월간조선》 대표는 군대가 나서서 '친북좌익 정권'을 타도해야 한다고 주장한 바 있다. 이어서 행정학자 김용서는 예비역 장성들의 모임에서, 탄핵 비판운동은 "전문적 혁명지도부의 배후조종"에 의한 것이고, "4·15 총선거는 이미 돌이킬 수 없이 잘 짜여진 한국적 좌익혁명의 통과의례적 축제행사"가 될 것이므로, "좌익 정권을 타도하고 자유민주주의 체제를 복원하는 방법에는 군부 쿠데타 이외에 다른 방법이 없다"고 주장하고, "새 역사를 창조하는 전투대오를 편성하여 행군의 출발을 선언"해야 한다고 강조하여 물의를 일으킨 바 있다.[177] 그리고 신문광고에서 '친북좌익 정권'을 타도하자는 극우세력의 광고를 심심

찮게 볼 수 있다. 그런데 이러한 극우적 입장에 서서 내란 또는 군반란을 선동하는 사람들은 수사조차 받은 적이 없으며, 공안당국은 내란선동 혐의에 대해 무혐의처분을 내렸다.[178]

나는 이러한 발언을 혐오하지만, 이들이 이 정도의 발언만으로 형사처벌을 받아야 한다고는 생각하지 않는다. 아직 이들의 주장이 내란이나 반란의 예비, 음모 등 민주적 헌정 체제를 직접적으로 위태롭게 하는 단계에 이르지 않았다 판단하기 때문이다. 문제는 급진적이고 과격한 사상의 표현에 대한 국가형벌권의 관용이 우파 쪽에만 베풀어지고 있다는 점이다. 조갑제나 김용서의 주장에 비견될 만한 좌파운동에서의 발언은, "자본주의 모순의 해결을 위해서는 사회주의혁명이 필요하며, 이를 위하여 전투대오를 형성해야 한다" 정도가 될 것이다. 그런데 진보 진영 인사가 이와 유사한 발언을 하였다면 당장 수사 대상이 되었을 것이다. 요컨대 극우적 쿠데타 선동은 전혀 제재되지 않는 반면, 좌파운동의 급진적 강령이나 발언은 국가보안법 위반으로 처벌되는 것이 현실이다.

한편 인권을 제약하는 구실로 전가의 보도처럼 사용되어 온 '국가안보'의 논리도 재검토되어야 한다. 1995년 '국가안보와 표현의 자유 및 정보 접근에 관한 요하네스버그 원칙' 제2조는 다음과 같이 규정하고 있다.[179]

①국가안보를 이유로 정당화하려는 규제는 그 순수한 의도와 명시적 효과가 무력 사용 또는 위협에 맞서 국가의 존립과 영역적 통합성을 보장하기 위함이거나, 외적으로는 군사적 위협, 내부적으로는 폭력적 정부 전복을 위한 선동과 같은 위협 또는 무력 사용에 대처하는 국가의 대응 능력을 보호하기 위한 경우 외에는 정당화되지 않는다.

②특히 국가안보를 이유로 정당화하려는 규제는 그 순수한 의도와 명시적 효과가, 예컨대 정치적 위기나 부정에 대한 폭로로부터 정부를 두둔하거나 특정한 이데올로기를 옹호하거나, 국가 공공기관의 기능에 대한 정보를 은폐하거나, 노동운동을 탄압하는 것과 같이 국가안보와 무관한 이익을 보장하기 위한 것일 경우에는 정당화되지 않는다.

유엔인권이사회도 같은 원칙을 따른다. 즉 국가안보를 이유로 표현의 자유를 제약할 수는 있지만, 그 제약은 "국가 전체에 직접적으로 정치적 또는 군사적 위협을 주는 가장 심각한 경우에만" 가능하다고 못 박는다.[180]

이 원칙은 한국과 관련한 구체적 사안에서 그대로 지켜졌다. '재미한국청년연합'에 가입하여 연방제 통일, 주한미군 철수 등을 주장한 박태훈 사건을 다루면서 우리 대법원은 박 씨가 국가보안법 제7조의 '이적' 행위를 했다고 판결했으나[181], 유엔인권이사회는 정반대의 결론을 내렸다. 이사회는 다음과 같이 결정했다.

이사회는 당사국(대한민국)이 나라의 일반적 상황과 "북한 공산주의자들"이 제기하는 위협을 언급하면서 국가안보 문제를 제기하고 있다는 점을 주목한다. 이사회는 통보자(박태훈)가 표현의 자유를 행사함으로써 일어났다는 위협의 정확한 성격을 당사국이 구체적으로 제시하는 데 실패했으며, 당사국이 내세운 어떠한 주장도 제19조 3항에 따라서 통보자가 표현의 자유를 누릴 권리를 제한하는 데 충분하지 않다고 판단한다. (중략) 통보자에 대한 유죄 판결은 규약 제19조에 따라 통보자의 권리를 침해한 것으로 간주해야 한다.[182]

체제를 비판하거나 부정하는 행위를 좋아할 체제는 없다. 하지만 민주주의 사회에서 이러한 행위에 대한 규제와 처벌은 그 행위의 실질적 위험성에 대한 객관적 평가 위에서 이루어져야 한다. 그렇지 않을 경우 헌법에 보장된 모든 '정신적 기본권'은 위축될 수밖에 없다. 생각건대 민주주의 국가라면 1929년 '슈위머 판결United States. v. Schwimmer'[183]에서 홈스 대법관이 제시한 다음과 같은 금언(金言)에 귀 기울일 필요가 있다.

헌법의 원칙 가운데 다른 어떤 원칙보다도 우리가 반드시 중시해야 하는 원칙은 사상의 자유의 원칙이다. 이는 우리와 의견을 같이하는 사람들을 위한 것이 아니라, **우리가 증오하는 사상을 위한 자유를 뜻한다**.[184]

4. '명백하고 현존하는 위험'의 법리

현재 법학계에서 체제를 비판·부정하는 사상의 표명·실천 행위를 규제하는 민주주의적 기준으로 널리 수용하고 있는 것은 앞에서 간략히 언급한 '명백하고 현존하는 위험'의 법리다. 여기서 '명백'하다는 것은 표현과 해악의 발생 사이에 긴밀한 인과관계가 존재한다는 뜻이고, '현존'이란 해악의 발생이 시간적으로 근접하고 있는 경우를 말한다.[185] 이하에서는 주요 판결을 중심으로 이 법리의 전개 과정을 살펴보면서 우리에게 필요한 교훈을 얻도록 하자.[186]

이 원리는 1919년 '솅크 판결Schenck v. United States'[187]에서 홈스 대법관이 내린 판결문에 처음 제시된 후, '표현의 자유'를 제한하는 핵심 원리가 되었다. 동 판결은 1차대전 참전에 반대한 사회당 간부의 선동에 대해 위법 여부를 검토하면서, "사용된 언사가 실질적 해악을 가져올 명백하고 현존하는 위험을 일으키는 상황에서 사용되었는가, 그리고 그 언사 자체가 그러한 위험을 일으키는 본성을 갖고 있는가"[188]를 기준으로 제시했다.

이러한 견해는 같은 해 '아브람스 판결'[189]에서 홈스가 제출한 반대의견에서 더 구체적으로 체계화된다. 이 판결에서 다수의견은 피고인이 "자신의 행위가 초래할 수 있는 효과에 책임을 져야 한다"[190]는 이유를 들어 반국가 선동죄의 유죄를 확정했으나, 홈스는 이에 단호히 반대했다.

> 나는 우리가 혐오하며 죽음을 내포하고 있다고 믿는 의견의 표현을 억
> 제하려는 시도를 영원히 경계해야 한다고 생각한다. 그 의견이 **법률의**
> **합법적이고 긴요한 목적을 즉각적으로 방해하는 위협이 너무도 임박하**
> **여**imminent 나라를 구하기 위해서는 곧바로 억제해야 하는 경우 외에
> 는.191

   홈스는 그 뒤에도 이러한 원칙을 한결같이 지켰다. 1925
년 '기트로우 판결Gitlow v. New York'192은 '좌익 선언'을 작성·
배포한 사건을 다루었다. 이 선언은 혁명적 수단으로 정부를
전복하고 프롤레타리아 독재를 실시하자고 주장했는데, 법
원의 다수의견은 하나의 혁명적 불꽃이 번져 큰불이 될 수
있다는 논리로 유죄를 확정했다.193 그러나 홈스가 쓰고 브
랜다이스Louis Brandeis 대법관이 찬성한 반대의견은 '좌익 선
언'에 따른 정부 전복의 현재적 위험이 없으며 좌익 선언이
"현재 큰불을 일으킬 기회를 갖지 못했다"194며 원심 파기를
주장했다.

   1927년 '휘트니 판결Whitney v. California'195에서 브랜다이
스 대법관이 쓰고 홈스 대법관이 동의한 반대의견도 같은 맥
락을 따르고 있다. 이 사건은 '공산주의 노동당' 당원인 피고
인이 폭력에 의한 정치적 변화를 옹호하는 조직에 가입했다

는 이유로 유죄 평결을 받은 것에 대한 상고심 판결이다. 다수의견은 피고인의 유죄를 확정했으나, 두 대법관은 다음의 논거로 반대의견을 제출했다.

예상되는 해악의 발생이 충분한 토론의 기회를 가지지 못할 정도로 임박한 경우가 아니라며, 표현 행위의 위험은 명백하고 현존한 것이라고 할 수 없다. 만일 토론을 통하여 (그 행위의) 오류나 허위성을 드러내고 그리하여 교육의 과정을 통하여 해악을 피할 수 있는 시간이 있다면, 그에 대한 치유책은 강요된 침묵이 아니라 보다 많은 발언을 허용하는 것이다.[196]

이렇듯 소수의견에 머물렀던 '명백하고 현존하는 위험'의 법리는 1930년대 '대공황'기에 들어서 다수의견이 된다. 가령 1931년 '스트롬버그 판결Stromberg v. California'[197]은 공산당의 적기에 경례 의식을 한 피고인의 유죄 평결을 파기했고, 1937년 '드종 판결De Jonge v. Oregon'[198]은 파업 노동자 집회에서 공산당 가입 권유 연설을 한 공산당원의 유죄 평결을 파기했으며, 1943년 '슈나이더만 판결Schneiderman v. United States'[199]은 공산당원이라는 사실만으로 정부를 부정한다는 명백한 증거가 되는 것은 아니므로 시민권을 박탈할 수 없다고 판결했다.

그러나 이처럼 좌파에 보인 관용적인 태도는 2차대전 후

냉전이 본격화되면서 사라진다. 특히 "보수적 아메리카니즘의 일원론적, 단세포적 충동"[200]이었던 '매카시즘McCarthy-ism'[201]의 광풍은 모든 이성과 관용의 목소리를 날려 보내고 말았다. 법원의 판결도 이러한 변화를 반영한다.

예컨대 공산당을 재창당하려 한 피고인의 유죄 평결에 대한 상고심인 1951년 '데니스 판결Dennis v. United States'[202]에서 연방대법원의 다수의견은 공산당을 창당하려는 음모 자체가 '명백하고 현존하는 위험'을 창출한다고 결론지어, 이 법리를 후퇴시켰다. 즉 "폭력에 의한 정부 전복 시도는 비록 혁명가의 수와 힘이 부적절하여 애당초부터 실현 가능성이 없다 하더라도 의회가 이를 규제하기에 충분한 해악이다. (중략) 위험을 창출하는 것은 음모의 존재 바로 그것이다".[203] 그러나 더글러스W. O. Douglas 대법관은 강력한 반대의견을 내놓았다.[204] 그는 피고인들이 실제 정부 전복을 모의한 것이 아니라 정부 전복을 교육·옹호하는 사람들의 당, 단체, 집회를 조직하는 것을 공모하고, 또 정부 전복을 교육·옹호하는 것을 공모했으므로 '명백하고 현존하는 위험'이 없으며, 따라서 표현의 자유 범위 안에 있다고 주장했다.[205]

그 뒤 매카시즘의 폐해를 반성하는 움직임이 일면서, '명백하고 현존하는 위험'의 법리는 다시 제자리를 찾는다. 1957년의 '예이츠 판결Yates v. United States'이 그 전환점이 되었다.[206] 이 사건에서 피고인들은 정부를 폭력적으로 전복해야 하는 의무와 필요성을 선동 교육했고 정부 전복을 위해 미국 공산당을 조직했다는 이유로 유죄 평결을 받은 상태였다. 1951년 '데니스 판결'과 정반대로, '예이츠 판결'은 "불법한 행동으로 직결되는 선동"과 "추상적인 원리의 선동"은 구별해야 한다고 설명하면서[207], 상고인들은 폭력적 정부 전복이라는 원리를 주장했을 뿐, 그것을 위한 행동을 선동한 것은 아니라고 하여 원심을 파기했다. 즉 공산주의 사상에 대한 이론적 옹호와 선동은 직접적인 행동 개시에 대한 선동과 다르므로 유죄가 될 수 없다고 판단함으로써, 그러한 강령을 지닌 공산당을 조직하고 이에 가입하는 것만으로는 처벌할 수 없다고 결론지은 것이다. 이후 '명백하고 현존하는 위험'의 법리는 미국 사회에 완전히 뿌리를 내리게 된다.

미국 연방대법원이 세밀하게 정식화한 '명백하고 현존하는 위험'의 법리는 우리 사회에서 체제 비판·부정 사상을 표명하고 실현하는 행위에도 그대로 적용할 수 있을 것이다. 그리고 앞에서 본 '요하네스버그 원칙' 제6조 역시 "①표현이 급박한 폭력을 선동할 의도인 경우 ②그와 같은 폭력을 유발하리라 여겨지는 경우 ③그와 같은 폭력의 발생 또는 발생 조짐과 표현 사이에 직접적이고도 즉각적인 관련이 있는 경우"[208]에 한해 표현의 자유가 제한될 수 있다고 선언함으로써 '명백하고 현존하는 위험'의 법리를 지지하고 있다.

5. 결론

우리 사회의 정치적 민주화가 진전됨에 따라 사상의 자유의 보장도 확대되었다. 민주노동당이 우리 사회의 일부로 자연스럽게 받아들여지고 있다는 사실은 이를 잘 보여준다. 그렇지만 우리 사회에서 빨갱이 귀신이 사라진 것은 아니다. 이 귀신은 평상시는 사라진 듯 보이다가도 정적과의 경쟁이 강화될 때, 또는 북한 당국의 돌출적 행동이 나타날 때 갑자기 튀어나와 시민들의 판단력을 흩뜨려놓는다. 그러나 민주주의와 인권을 지향하는 나라에서 빨갱이 귀신은 사라져야 하며, 사회모순을 빠르게 감지하고 모순 폭발을 예방하기 위해서는 사상의 자유가 전면적으로 보장되어야 한다. 급진적인 좌파 정치 활동을 한다는 이유만으로, 또는 '미제축출', '연북통일'을 주장·추구한다는 이유만으로 처벌받는 후진적 상황은 막을 내려야 할 것이다.

우리 사회에는 진정으로 백화제방 백가쟁명이 필요하다. "사상의 열성적 표현은 민주적 제도를 진보시키기 위한 가장 긍정적인 방도"[209]이기 때문이다.

만약 오늘 우리 사회에서 미국의 홈스, 브랜다이스, 더글러스 대법관처럼 원칙에 따라 국가보안법 판결을 내린 판사가 있다면 아마 '법조계에 침투한 좌익'이니 좌경 용공 판사니 하여 비난받을 것이다. "비좌익세력으로 좌익의 확산에 기여하는 속물 리버럴리스트들"210로 낙인찍혀 온갖 수모를 당할지도 모른다. 반체제 사상과 활동이 두려우면 이를 탄압하기 전에 체제의 모순을 해결하려고 노력해야 한다. 반체제 사상과 활동은 외부에서 주입된 것이 아니라 "이 땅의 작품"211 이기 때문이다.

기성의 모든 것에 대해 고민하고, 의심하고, 질문을 던지고, 조사하고, 논쟁하고, 도전하는 것, 이러한 자유 없이 진보는 없다. 자신이 비록 반체제 활동가나 혁명적 사회주의자가 아니라 할지라도 아래의 볼테르의 말을 되새기며 사상의 자유 침해에 대한 기성의 사고를 전환해야 할 때가 아닐까?

나는 당신이 말하는 것에 동의하지 않는다. 그러나 나는 당신이 당신의 의견을 말할 권리를 위해서는 죽도록 싸울 것이다.212

제 4 장

국가보안법
총비판

국가보안법은 죄형법정주의에 위배되고 사상과 양심의 자유 및 표현의 자유 등 인간의 가치와 존엄성을 해할 소지가 많은 반인권적 법률이라는 비난을 면치 못한다. 국가안보에 관한 범죄는 형법 등 다른 형벌법규로 의율이 가능하여 국가보안법이 폐지되더라도 처벌 공백은 거의 없다고 볼 수 있다. 다만, 필요한 경우 미흡한 부분이 생긴다면 형법의 관련 조항을 개정·보완하는 방안을 강구할 수도 있을 것이다.

— 국가인권위원회

1. 왜 국가보안법이 문제인가?

한국 사회에서 양심과 사상의 자유를 말할 때 국가보안법
(이하 국보법) 문제를 결코 빠뜨릴 수 없다. 우리 사회를 온통
지배해온 반공 이데올로기와 빨갱이 콤플렉스를 재생산하
는 최고의 법적 도구가 바로 국보법이었기 때문이다. 그리하
여 근래까지도 국보법에 대한 접근은 매우 조심스러웠다. 국
보법에 대한 논의 자체가 위험하고 불온한 것으로 이해되었
던 것이 과거 우리의 현실이다. 법학자 국순옥은 말한다.

…헌법 외재적 체제 이데올로기인 반공산주의가 초헌법적 법률인 국가
보안법의 이데올로기적 토대로 기능하는 한, 국가보안법은 학문적 접근
이 원천적으로 불가능한 일종의 정치적 금기 영역이었다. 더욱이 반공
산주의가 대한민국의 국시로 떠받들어지던 정치적 야만의 계절에는 초
헌법적 법률인 국가보안법의 헌법적 근거에 대하여 이성적 담론을 벌인

다는 것은 아에 기대조차 할 수 없었던 것이다.213

이처럼 서슬 퍼런 국보법의 위세 아래 우리 사회에서 민주주의와 인권, 그리고 통일 지향성은 점점 불구가 되었다. 그러나 권위주의 체제가 끝나고 민주화가 이루어지면서 국보법에 대한 비판의 파고는 점점 높아져왔다.

국보법에 대한 비판이 고조되면서 1989년 당시 김대중이 이끌던 평민당은 국보법을 대체하는 '민주질서보호법안'을 제출한 바 있으며214, 집권 후 국민회의는 '국보법 개정검토위원회'를 만들어 국보법 개정안을 발표한 바 있다. 그리고 2004년 17대 국회 개원 직후에는 당시 집권당이던 열린우리당과 민주노동당이 국보법 폐지를 당론으로 정하고, 국보법 폐지를 추진했다. 같은 해 8월 25일, 국가인권위원회는 국보법 폐지를 국회의장과 법무부장관에게 권고하는 결정을 내렸다. 이는 국가기관 차원에서 최초로 국보법 폐지가 필요함을 공식 인정한 것이었다. 같은 해 9월 5일 노무현 대통령도 국보법은 "독재시대의 낡은 유물"이며 "칼집에 넣어 박물관에 보내야 한다"라고 주장하며, 국보법 폐지에 힘을 싣는다. 그리고 9월 20일에는 한국형사법학회, 한국형사정책학회, 한국비교형사법학회 등 3대 학회는 기자회견을 갖고 국보법은 애초 형법이 제정되면 폐지하려고 했던 한시적 법률이고, 국보법을 폐지하더라도 처벌 공백이 발생할 여지가 없으며,

유엔을 비롯한 국제사회에서도 여러 차례 폐지 권고를 해왔다는 점을 들어 폐지 입장을 밝혔다.

그러나 이상과 같은 국보법 폐지 추진에 대해 보수 정당이나 언론은 강력히 비판·반발했고, 집권당이던 열린우리당 내부의 이견까지 겹쳐 국보법 폐지는 결국 무산되고 말았다. 그럼에도 국보법 폐지 문제는 반드시 다시 부각될 수밖에 없는 쟁점이다. 탈냉전·탈이념, 남북 평화공존 및 민주화가 세계사적 대세인 상황에서 극도의 이념 대립, 멸공주의 및 독재의 산물인 국보법이 존재한다는 것 자체가 문제다.

제4장은 국보법이 법적으로 어떠한 문제를 가지고 있는지, 우리 사회의 진보와 민주를 어떻게 막아왔는지 살펴볼 것이다. 그리고 국보법 개폐를 반대하는 핵심논리의 문제점이 무엇인지도 비판적으로 분석할 것이다.

2. 냉전과 독재를 위한 '프로크루스테스의 침대'

1948년 12월 1일 제정된 국보법은 일제의 '치안유지법'을 계승·확대 증보해 만들어진 것이다.[215] 형법의 특별법인 국보법이 형법 제정(1953년 9월 18일)보다 몇 년이나 앞서 만들어졌다는 것은, 당시 집권세력이 얼마나 좌익 진영을 분쇄하려고 골몰했는지를 단적으로 보여준다. 국보법은 제정 당시 법무부장관의 말처럼 "비상시기의 비상조치"로 규정되었고, 영구 존속되는 것이 아니라 형법으로 흡수될 예정이었다.[216] 국보법 제정은 많은 사회적 비판을 불러일으켰다. 당시 보수 언론 〈조선일보〉조차 "국가보안법을 배격함"이라는 사설을 발표했다. 그 내용을 간략히 살펴보자.

> 오늘의 정치적 혼란, 난마적인 사상의 불통일의 이 현상에서, 더구나 정부는 국회의 내각개조론에까지 불순을 꾸짖는 이러한 이 현상에서, 이러한 법의 제정은 대한민국의 전도를 위하여서나 우리 국민의 정치적 사상적 교양과 그 자주적 훈련을 위하여 크게 우려할 악법이 될 것을 국회 제공에게 경고코자 한다. (중략) 국제 정세가 미묘한 가운데 민족과 국가의 운명을 염려하는 정치론도 다기(多岐)할 수 있는 이 정세에서 국가보안법의 내용은 무서운 결과를 가져올 것이다. 더구나 사법부의 처벌에서보다도 행정부의 경찰권의 발동이 무한히 강대해질 것을 생각할 때….[217]

국보법은 이후 1961년 제정된 '반공법'과 병존하며 적용되다가[218] 1980년 반공법이 국보법에 통합되면서 현재의 국보법 체제를 갖추게 되었다.[219] 1958년의 '2·4 보안법 파동' 그리고 '5·16 쿠데타' 후의 '국가재건최고회의', '5·17 쿠데타' 후의 '국가보위입법회의'에 의한 법 개정 등에서 알 수 있듯이 국보법 개정은 대부분 절차적 정당성을 훼손하면서 이루어졌다.

이렇게 제정된 국보법은 통일의 한 주체인 북한을 '반국가단체'이자 '적'으로 규정함으로써 평화통일의 길을 원천봉쇄하고 있으며, 갖가지 모호하고 불명확한 개념을 사용함으로써 표현의 자유를 비롯한 인권을 심각하게 침해하고 있다. 아래에서 상세히 보겠지만 "국가보안법은 단순한 법률이 아니라 바로 이 땅의 불행한 현대사를 그 날개로 온통 뒤덮고 있는 거대한 괴조와 같은 것이었다"[220]라는 박원순 변호사의 지적은 과장이 아니다.

(1) 반통일성—북한은 '반국가단체'에 불과한가?

국보법상 북한은 통일의 한 주체도 대화나 협상의 상대방도 아니다. 다만 정부를 '참칭(僭稱)'하는 '반국가단체', 대한민국의 영토인 휴전선 이북지역을 불법적으로 점령하고 있는 반도단체 또는 교전단체일 뿐이다.[221] 그리고 김정일은 북한의 최고지도자가 아니라 반국가단체의 '수괴'이며 체포, 처벌되어야 할 '범죄인'일 뿐이다. 대법원의 다음과 같은 입장은 현재까지 변함이 없다.

북한지역은 대한민국의 영토에 속하는 한반도의 일부를 이루는 것이므로 이 지역에는 대한민국의 주권이 미칠 뿐 대한민국의 주권과 부딪치는 어떠한 주권의 정치도 법리상 인정될 수 없다.[222]

이러한 원칙은 헌법 제3조의 "대한민국의 영토는 한반도와 그 부속도서로 한다"는 '영토 조항'을 헌법적 근거로 삼고 있다. 반국가단체 찬양·고무·동조, 이적단체 구성, 이적표현물 제작·반포 등 국보법의 거의 모든 주요 범죄 구성 요건은 모두 이 '반국가단체' 개념을 전제로 하고 있다. 이에 따르면 '조선민주주의 인민공화국'을 인정하고 공존을 모색하는 것은 결코 있을 수 없는 일이다. 과거 "이 나라의 국시는 반공이 아니라 통일이어야 한다", "통일이나 민족이라는 용어는 공산주의나 자본주의보다 그 위에 있어야 한다"라고 의정발언을 한 현역 국회의원이 국보법 위반으로 처벌받았다는 사실은 시사하는 바가 크다.[223]

이러한 국보법의 태도는 해방 후 한국전쟁 전까지 존재했던 폭력혁명 방식으로 남한 정부를 전복하려는 기도에 대처하면서, 한반도 남측에 확고한 반공·반북 체제를 구축하려한 정치세력의 입장을 반영하고 있다. 해방 후 남한은 미국 중심의 세계 자본주의 체제에 편입되면서 친미반공 진영의 전 기지라는 위치를 부여받게 되는데, 이것이 법적으로는 국보법 탄생으로 나타난다. 그리고 한국전쟁의 경험은 국보법의 존립 근거를 대중에게 각인시키는 중요한 계기가 된다.

전쟁이 끝난 후 한국 정부는 1948년 12월 12일 유엔결의 제195호 III항을 들어 대한민국만이 한반도에 존재하는 '유일합법정부'라고 주장해왔다. 그러나 이영희가 날카롭게 지적한 것처럼, 이 결의는 대한민국이 'UN조선임시위원단'의 감시 아래 '5·10 선거'를 치른 지역에서의 유일 합법정부라는 뜻이지, '5·10 선거'가 실시되지 않은 북한 지역에까지 선거의 효력이 미친다는 의미는 아니었다.[224]

그리고 국보법 제정 후 반세기가 지난 1991년 9월 18일, 남북한은 동시에 유엔에 가입했다. 유엔헌장 제4조에 따르면 유엔 가맹국의 자격 조건은 국제법상의 주권국가로서 유엔헌장의 의무를 수락하고 이러한 의무를 이행할 능력과 의사가 있는 '평화애호국'으로 되어 있다. 법학자 이장희가 단언한 것처럼, "남북한의 유엔 가입은 유엔이라는 국제법 주체인 국제기구(법인) 자체에 의하여 남북한이 국가로 승인된다는 것을 뜻"하며, 그리하여 "국제사회에서는 엄연히 2개의 주권국가(남·북한)가 존재하게 된 것"이다.[225] 이렇게 북한을 국제사회에서 국가로 승인한 유엔 동시 가입은 북한의 반대에도 불구하고 남한이 집요하게 요구하여 성사된 것임을 기억해야 한다. 물론 유엔 가입 이전에도 국제 관습에 비추어 보면 북한 당국이 북한 지역에 대하여 사실상의 '통치권'을 행사하고 있었음은 부인할 수 없는 사실이다.

이러한 현실 앞에서 법학자 김일수는 말한다.

우리 헌법상 영토규정은 실효성 없는 선언규정에 불과하다. 그것은 국민의 통일 염원을 담은 낭만적 규정에 불과한 것으로서 현실적 이행효력이 나타나지 못하는 자연채권과 같을 뿐이며, 북한이 스스로 한반도의 북반부와 그 부속도서를 우리 헌법규정의 취지에 따라 스스로 헌납하기 전에는 그 실효성이 기대될 수 없는 조문이기 때문이다.[226]

요컨대 헌법 제3조의 '영토 조항'은 헌법규범과 헌법현실 사이의 괴리 속에서 실효성을 잃고 사문화되었다고 보아야 할 것이다.[227] 국제법적으로도 북한은 한반도의 북측 지역을 무단으로 점령하고 있는 '반국가단체'가 아니라 '주권국가', 적어도 '사실상의 국가'가 되었다.

유엔 동시 가입이 이루어진 같은 해 12월 12일 남북한 당국은 '남북화해와 불가침 및 교류협력에 관한 합의서'를 채택했다. 남북합의서는 "남과 북은 서로 상대방의 체제를 인정하고 존중한다"(1조), "남과 북은 상대방의 내정 문제에 간섭하지 아니한다"(2조), "남과 북은 상대방을 파괴, 전복하려는 일체 행위를 하지 아니한다"(4조), "남과 북은 민족구성원의 자유로운 왕래와 접촉을 실현한다"(17조)라고 선언함으로써 국보법이 전제하고 있는 기본 논리를 부정하고 있다. 이와 같은 탈냉전과 평화공존의 흐름은 2000년 역사적인 남북정상회담과 6·15 공동선언으로 정점에 이르렀다. 이러한 사태 진전은 이제 한반도에서 냉전 논리는 기반을 잃을 수밖에 없음을 보여준다.

이처럼 현재 우리 사회에는 철저한 냉전과 반북을 전제하는 국보법의 논리가 존재하는 동시에 탈냉전과 통일을 지향하는 남북합의서 및 6·15 공동선언의 논리가 대립·병존하고 있다. 즉 현재 북한은 '반국가단체', '적'이면서 동시에 통일을 위한 대화와 협상의 대등한 주체인 이중적 · 모순적 · 법적 지위를 갖고 있는 것이다. 그런데 우리 헌법이 전문에서 우리 국민은 "조국의 민주개혁과 평화적 통일의 사명에 입각하여 정의·인도와 동포애로써 민족의 단결을 공고히" 해야 한다고 규정하고, 제4조에서 대한민국은 "통일을 지향하며 자유민주적 기본 질서에 입각한 평화적 통일정책을 수립하고 추진한다"고 규정한 사실 그리고 헌법 제3조의 영토 조항이 사문화되었다는 점을 주목하면, 국보법이 북한을 '반국가단체'로 규정한 것은 일면적이고 과도하며 따라서 위헌의 의심이 짙다.[228] 우리가 세계사의 흐름을 거스르지 않는 한 이 규범적 모순과 이중성을 해결할 수 있는 방향은 탈냉전과 통일, 즉 국보법 폐지일 수밖에 없다.

그렇다면 북한을 국보법상의 반국가단체에서 제외할 경우 평화통일 이전까지 북한이 남한에 일으킬 수 있는 적대 행위를 어떻게 규율할 것인가 하는 문제가 남는다. 북한을 형법상의 '외국' 또는 '적국'으로 규정하면 북한의 대남 적대 행위를 형법상의 내란·외환의 죄(제87~104조)로 의율할 수 있지만, 이러한 규정은 평화통일의 방향에 어긋난다. 이렇게 볼 때 형법 제102조의 '준(準)적국' 개념을 활용하자는 법학자 한인섭의 제안은 적절하다. 즉 "북한(인)을 원천적으로 반국가단체(개인)로 간주하는 것이 아니라, 대한민국에 적대적 행위, 그중에서도 형법에 특정된 범죄적 행위를 하는 경우에 한하여 외국·적국에 준하는 것으로 취급"[229]하면 북한을 반국가단체로 보지 않으면서도 예상되는 국가적 법익에 대한 침해를 예방할 수 있다는 것이다.

한편 헌법재판소와 대법원은 북한이 "조국의 평화적 통일을 위한 대화와 협력의 동반자임과 동시에 대남적화노선을 고수하면서 우리 자유민주주의 체제의 전복을 획책하고 있는 반국가단체라는 성격도 함께 갖고 있"다고 파악한다.[230] 언뜻 보기에는 현실을 반영하는 성격 규정인 것처럼 보인다. 그러나 판례는 이 모순되는 두 성격 사이의 관계를 어떻게 풀 것인가에 대한 답을 주지 않은 채 북한의 반국가단체성은 여하튼 인정된다는 것을 강조하고 있다. 여기서 2010년 '남북공동선언실천연대'(이하 '실천연대') 판결[231]에서 박시환 대법관이 자신의 반대의견에서 제시한 해석 방법에 주목할 필요가 있다.

"…북한의 반국가단체성을 규명할 때에도 북한의 그와 같은 이중적 성격에 맞추어서 보아야 하고, 북한과 관련된 일체의 사항에 대하여 원칙적으로 국가보안법의 반국가단체를 전제로 한 규정이 자동적으로 적용되는 것이 아니라, **북한의 반국가단체적 측면과 직접적으로 연관되는**

사항에 한하여 북한을 반국가단체로 취급하여야 할 것이다. 북한과 관련된 모든 행위에 대하여 북한의 반국가단체적 측면과 연관되었는지 여부와 상관없이 일단 반국가단체와 관련된 행위로 보아 그 행위를 국가보안법의 적용 대상으로 삼은 뒤, 남북의 교류·협력을 목적으로 하는 등 대한민국의 존립·안전에 위해가 없는 행위임이 밝혀진 경우에 한하여 국가보안법의 적용을 면제해주는 식의 법 적용은 국가보안법의 제정 목적, 국가보안법 제1조 제2항의 엄격 적용 원칙, 헌법 제37조의 기본권 보장 규정 등에 비추어 타당하지 않다. 그리고 이는 어떤 행위를 국가보안법 위반으로 처벌하기 위해서는 검사가 그 구성 요건 해당 사실을 증명해야 한다는 형사소송 절차의 기본 원칙에도 어긋나는 해석이다." (강조는 인용자)

기존의 판례에 따르면 북한은 여하튼 반국가단체이므로 북한과 접촉한 사람은 일단 국가보안법의 수사 대상이 된다. 그리고 수사기관은 그 사람의 정치적 성향을 고려해 수사 개시 여부를 판단한다. 그 결과 국가보안법 적용의 편파성이 문제가 된다. 그러나 박시환 대법관의 해석론에 따르면 북한은 자동적으로 반국가단체성을 갖지 않는다. 북한이 반국가단체인지 아니면 대화와 협력의 동반자인지는 상황에 따라 달라질 수 있으므로, 특정 사건에서 북한이 반국가단체인지는 검사가 증명을 해야 하는 사안이 된다. 이러한 해석은 향후 남한 내의 통일운동이 확산되는 데 중요한 이론적 뒷받침을 제공할 것으로 예상된다.

(2) 반민주성—정치·시민적 권리를 위축시키는 '다모클레스의 검'

국보법의 법률적 문제로 가장 많이 지적되어온 것은 이 법이 근대 시민형법의 근본 원리인 '죄형법정주의'[232]에 위배된다는 사실이다. 죄형법정주의는 국가형벌권의 확장과 자의적 행사에서 시민의 자유를 보장하기 위한 근대 시민형법의 최고 원리로서, 우리 헌법 제12조 1항과 제13조 1항도 이 원리를 규정하고 있다.

그런데 국보법의 내용을 보면 이 원칙 중 '명확성의 원칙lex certa'이 심하게 훼손되어 있음이 분명히 드러난다. 먼저 국보법의 조문은 대부분 매우 모호하고 불명확한 개념으로 구성되어 있다. 대표적으로 제2조의 '정부참칭', '국가변란', 제4조의 '목적 수행을 위한 행위', 제4조와 제7조의 '사회질서의 혼란을 조성할 우려가 있는 사항', 제5조와 제6조의 '지령', 제6조의 '목적 수행의 혐의', 제7조의 '반국가단체를 이롭게 하는'('이적'), '찬양', '고무', '선전', '동조' 등이 그렇다. 이 외에도 국보법의 각 조문에는 '기타 중요시설', '기타 물건', '기타의 방법', '기타의 무기', '기타의 재산상의 이익' 같은 표현이 산재해 있는데, 이처럼 광범하게 확대 해석할 수 있는 '백지형법'식의 구성 요건을 둔 것 자체가 '명확성의 원칙'을 훼손한 것이다.

이러한 국보법의 개념들은 필연적으로 공안당국의 자의적 해석과 법 집행을 수반할 수밖에 없다. 헌법재판소가 1990년의 이른바 '한정합헌' 결정에서 인정했듯이[233], 국보법 규정은 일반인의 이해와 판단으로는 행위 유형을 정형화할 합리적 해석 기준을 찾기가 매우 어렵다. 따라서 사실상 공안당국이 자신의 기준에 따라 범죄를 결정하게 된다.

그 결과 국보법은 진보적인 정치조직의 활동을 북한을 이롭게 하는 활동으로 낙인찍고 탄압해 우리 사회의 정치·이데올로기 지형을 '우경불구화'시켰으며, 시민의 일상적인 발언과 저술, 창작은 물론 '금서'를 소유하고 읽는 행위에 대해서도 '불온·좌경·과격·급진'의 낙인을 찍고 처벌했다. 예컨대 돕Maurice Dobb의 유명한 저서 《자본주의의 과거와 현재 *Capitalism Yesterday & Today*》가 "북한공산집단의 선전, 선동 활동을 이롭게 하는 불온서적"으로 규정되고, 이를 소지한 김근태를 이적표현물 소지죄로 처벌한 사건[234]이나, 반공교육을 비판하고 우리나라 교육제도의 모순을 종속적 자본주의의 모순과 결부시켜 비판한 잡지(《민중교육》 사건)[235], 미국의 제국주의적 속성을 비판하는 홍성담의 그림 〈민족해방도〉[236]를 '이적표현물'로 낙인찍었던 사건은 지금 다시 생각해보아도 반문명적, 반지성적 사건이었다.

이러한 입법 형식은 각종 정치·시민적 기본권 행사를 '위축시키는 효과chilling effect'를 야기한다. 마셜Thurgood Marshall

대법관이 미국 연방대법원의 1974년 '아넷 판결Arnett v. Kennedy'[237]에서 반대의견을 내며 날카롭게 지적한 것처럼, 이러한 법률은 사람들의 머리 위에 매달려 언제 떨어질지 모르는 "다모클레스의 검"[238]과 같다. 자신이 당장 국보법 위반으로 수사받지 않는다 하더라도, 언제나 이 법을 의식하며 발언과 행동을 조심하도록 만드는 것이다.

과거 박정희 정권 아래서 반공법 위반으로 유죄 판결을 받았거나 유죄가 인정되지는 않았으나 체포·구속되어 수사를 받아야 했던 사건들을 보면 한 편의 희극 —— 실제로는 너무도 비극적이지만 —— 을 보는 듯하다. '귀에 걸면 귀걸이, 코에 걸면 코걸이'식의 해석이 어느 정도까지 가능한지를 보여주는 예들을 살펴보자.

"6·25 도발은 소련 놈과 미국 놈의 책동에 의한 것이다"[239], "공산주의의 방법은 나쁘지만 그 목적은 나쁘지 않다"[240]는 발언을 한 경우, 술자리에서 북한 군가를 부른 경우[241], 전문적인 우표 수집가가 북한의 선전문구가 있는 우표를 매수·취득한 경우[242] 등에 반공법 위반이 인정되었다. 또 유죄는 인정되지 않았지만 체포·구속되어 재판을 받은 경우로는 가옥을 철거하려는 철거반원에게 "김일성보다 더한 놈"이라고 말한 경우[243], 경찰관의 부당한 처사에 항의하면서 "우리나라 법이 빨갱이법보다 못하다"라고 발언한 경우[244], "예비군 훈련이 지긋지긋하다. 안 받았으면 좋겠다. 내일 판문점

관광을 가는데, 그곳에 가서 북으로 넘어가버리겠다"며 객기 어린 농담을 한 경우[245], 술자리에서 상대방에게 "너는 김일성만큼 잘하느냐, 현 정부가 무얼 잘하는 것이 있느냐"라고 말한 경우[246], 재일동포 유학생이 "북한이 남한보다 중공업이 발달되어 있다"고 말한 경우[247] 등이 있었고, 심지어는 일기장 내용이 문제가 되어 반공법 제4조 1항 위반으로 구속된 사건마저 있었다.[248] 조용환 변호사의 지적처럼 이러한 해석이 전개되는 상황에서는, '국가보안'의 미명 아래 실제로는 '인민의 안보'가 심각하게 위협받을 수밖에 없다.[249]

민주화 이후 국보법의 문제 조항이 남용되고 있다는 비판이 고조되어 1991년 국보법 제7조 제1항 등에 "국가의 존립·안전이나 자유민주적 기본 질서를 위태롭게 한다는 점을 알면서"라는 주관적 구성 요건이 추가된다. 그러나 그 이후에도 국보법의 남용은 사라지지 않았다. 왜냐하면 우리 법원은 '이적성'을 판단할 때 '명백하고 현존하는 위험'[250]의 법리를 채택하지 않고, 구체적 위험과 가능성과 상관없이 남한 체제를 "위협하는 적극적이고 공격적인 표현"[251]이기만 하면 표현의 자유의 한계를 벗어난 것으로 보아 '이적'이라고 판단하고 있기 때문이다. 또 '이적 목적'을 해석할 때 적을 이롭게 하겠다는 "적극적 의욕이나 확정적 인식까지는 필요 없고 미필적 인식으로 족"하다는 입장을 취하고 있기 때문이다.[252] 그 결과 헌법이 보장하는 여러 정치적·시민적 기본권은 필연적으로 훼손될 수밖에 없다.

예컨대 서울대 석사 학위논문으로 통과된 한 논문은 북한의 '식민지반봉건사회론'을 비판하며 반제반독점변혁운동론을 주장하는 내용을 담고 있어 '이적표현물'로 처벌되었고('서울사회과학연구소 사건')[253], '조국평화통일 불교협회' 대표 법타 스님은 한국전쟁에 대한 김일성의 입장을 단체 회보에 게재했다가 '국립선방(禪房)'에 갇혀야 했다. 그리고 핵무기, 탱크, 레이건, 나카소네, 38선 등을 써레질을 통해 몰아내는 신학철의 그림 〈모내기〉를 "북한공산집단의 주장과 궤를 같이 하는" 이적표현물로 규정했고[254], 소설가 황석영의 북한 방문기 역시 "북한의 실상을 바로 알리려는 한계를 넘어 이를 미화하여 북한을 찬양·고무하는 내용을 담고 있다"고 판시했다.[255] 당시 '전국연합' 의장이었던 이창복의 경우 연방제 통일 추진, 평화협정 체결, 국가보안법 폐지, 재벌해체, 주한미군 철수 등을 주장한 전국연합 자료집을 발간했는데, 원심법원은 자료집의 주장이 북한의 주장과 유사하다는 이유만으로 자료집의 내용이 '이적'이라고 단정하기 어렵다고 판시했으나[256], 대법원은 원심을 파기하고 유죄를 확정했다.[257] 그 외에도 6·15 남북공동선언 이후 김정일의 노선을 소개하기 위하여 재일 친북군사평론가인 김명철의 저서 《김정일의 통일전략》을 국내에 출판한 '살림터' 출판사 사장 송영현[258], 그리고 국립중앙도서관, 국회도서관, 대학 도서관에 비치되고 있고 시중 서점에서 판매하고 있는 레닌, 트로츠키, 캘리니코스 등 좌파사상가들의 저술 내용을 인터넷에 올린 대학생이나 이를 다시 출판한 출판사 발행인 등이 '이적 표현물'을 제작, 반포했다는 이유로 곤욕을 치러야 했다.[259] 이러한 사건 소식에서 "금기와 억압에 가위 눌린 낡은 세대의 고백"[260]이 들리는 것은 나만의 환청일까?

이러한 이유 때문에 제3장에서 본 것처럼 1995년 '유엔인권이사회'는 국보법 제7조가 '세계인권규약'에 위반된다는 결정을 내렸으며[261], 한국 정부의 유엔인권규약 준수에 대한 보고서를 평가하는 '유엔인권위원회'의 1999년 '최종의견'에서도 "국가보안법을 단계적으로 폐지해나가야" 한다고 다시금 권고했던 것이다.[262] 다음의 '최종의견'의 권고에 귀를 기울여보자.

위원회는 국가보안법 7조하에서 '반국가단체'를 고무하는 것으로 간주되는 행위의 범위가 불합리하게 광범위하다고 생각한다. 선택의정서에 따라 개인적 통보로서 위원회에 보내진 사례들과 7조하에서 기소된 내용에 대한 정보들을 검토해본 결과, 표현의 자유에 대한 제약이 조약의 19조 세 번째 문장의 요건을 충족시키지 못하고 있음이 분명하다. 왜냐하면 그것들은 국가안보를 위해 필요한 정도를 넘어서기 때문이다. 조약은 단지 그것(사상, 생각)들이 적성단체의 주장과 일치하거나 그 실체에 대해 동조하는 것으로 보여진다는 이유만으로, 사상의 자유를 제약하는 것을 허용하지 않는다. 위원회는 또한 기소정책과 관련한 내부지침이 조약에 반하는 방식으로 7조가 이용되는 것을 막는 적절한 보호책이 되지 않는다는 점을 강조한다.[263]

그리고 비록 대법원에 의해 파기되었으나 국보법 해석에 새로운 전범을 보여준 1995년 서울지방법원 형사항소 제1부의 판시도 문제의 핵심을 찌르고 있다.

연방제 통일 방안이나 당국의 창구 독점에의 반대 주장 등은 국민이 자신의 정치적 견해에 따라 통일 문제에 관한 여러 정책 중 하나로서 주장할 수 있는 것이지, 이러한 주장이 북한 정권과 유사하다는 이유만으로 반국가활동성이 있다고는 할 수 없고(그렇지 않을 경우 북한관계에 관한 유화적 주장이나 양보 주장은 모두 반국가활동이 될 위험마저 있다), 기록을 살펴보아도 위 각 자료집의 내용상 폭력 기타 비합법적인 방법으로 우리 헌법의 기본 질서를 폐지·전복할 것을 유도·선동하는 내용이 포함되었다고 인정할 만한 자료가 없으므로, 위 자료집의 내용만으로 국가보안법이 규정하고 있는 반국가활동성이 있다고 단정하기 어렵다고 할 것이다. (중략) 만약에 본건과 같이 북한 정권의 대남선전 주장과 동일한 주장을 하는 경우를 모두 국가보안법상의 표현 범죄에 해당한다고 해석한다면, 이는 동 조항의 적용 대상의 지나친 확장을 가져오게 되고, 국민의 표현 행위에 대한 선별적인 형벌권의 행사로 인하여 예기치 못한 처벌 가능성을 낳게 될 것이다.[264]

이러한 판시는 '명백하고 현존하는 위험'의 법리에 입각한 것으로, 국보법이 폐지되기 전까지 국보법을 해석하고 적용하는 지침이 될 수 있을 것이다.

 한편 국보법 위반 행위에 대한 형량이 해당 구성 요건의 가벌성에 비해 매우 과중해 범죄와 형벌 사이의 균형이 무너지고 있다는 점도 지적되어야 한다. 형법상의 간첩죄, 내란죄, 범죄단체 구성죄 등과는 달리 국보법상의 범죄는 기본적으로 '정치범', '사상범'임에도 불구하고 사형이 가능한 구성 요건만도 수십 개이며, 그 외에도 상당한 중형이 규정되어 있다. 이처럼 국보법 위반 행위를 과도한 형벌을 사용하여 제재할 때 '죄형법정주의'의 하위 원칙 중 하나인 '적정성의 원칙'은 실종되고 만다.

 이상과 같은 검토 위에서 나는 국보법을 친미·반공·분단·자본의 논리를 일탈하는 사상과 행위를 처벌하기 위해 만든 '프로크루스테스의 침대'라고 부르고자 한다. 침대의 길이에 맞추어 키 큰 사람은 다리를 자르고, 키 작은 사람은 잡아 늘리는 이 무지막지한 침대 때문에 얼마나 많은 사람이 희생되었는가? 그래서 북한을 대화와 통일의 파트너가 아니라 쳐부숴야 할 적으로 보는, 체제의 이데올로기를 벗어나는 사상과 활동을 빨갱이로 규정하여 처벌하는 국보법을 보며, 이영희는 이렇게 탄식해야 했다.

이 피조물은 햇볕을 쬔 순간 추악한 속성과 포악한 힘을 갖게 되어, 선하고 아름다운 것은 무엇이든 골라가며 시기하고, 비틀고, 꺾고, 깨고, 부수고, 찢고 그리고 피를 빨며 죽여버려야만 만족한다. 그것은 용서하는 법이 없다. 죽음을 먹고 사는 괴물이다. 아, 법률의 프랑켄슈타인!265

3. 국가보안법 유지론 비판

과거 냉전과 독재의 시대에는 앞에서 지적한 국보법의 문제가 반공의 이름 아래 덮어졌으나, 민주화 이후에는 나라 안팎에서 호된 비판을 받았다. 그런데 국보법의 반통일성과 반민주성에는 눈을 감고, 이른바 '상호주의'를 강조하거나 외국법을 잘못 인용하면서 국보법을 옹호하는 견해가 있기에 이를 검토할 필요가 있다.

(1) 북한 노동당 규약과 북한 형법의 '반국가범죄' 폐지 없이 국가보안법 폐지 없다?

현재 국보법을 폐지하자는 주장에 대해 북한의 집권당인 조선노동당 규약이 '남조선해방론'을 포기하지 않고 있고, 북한 형법도 국보법과 유사한 '반국가범죄' 등을 규정하고 있음을 지적하며 남측만의 국보법 폐지는 '법률적 무장해제'라는 주장이 왕왕 제기되고 있다.266

조선노동당 규약이 남한에서 '민족해방 인민민주주의 혁명'을 수행할 것을 공언하고 있음은 사실이다.[267] 나는 이 '혁명론'이 남한 사회를 혁신하는 방도라는 데 동의할 수 없으며, 탈냉전의 시대에 북한 법 체계나 노동당의 강령·규약 내용 역시 개폐될 필요가 있다고 생각한다.

　그러나 김인회 변호사의 지적처럼, 첫째 조선노동당 규약은 그 자체로 법률이 아니므로 조선노동당 당원에게만 적용되고 비당원 일반공민에게는 적용되지 않으며, 둘째 노동당 규약을 위반하면 당 내부에서 책벌을 가하고 형벌을 가하는 것은 아니며, 셋째 국보법은 강제로 적용하는 법률이지만 조선노동당 규약은 승인한 당원에게만 적용하는 내부 자치규범이라는 점에서 차이가 있다.[268] 물론 당 독재가 관철되는 북한에서 집권당 규약은 사실상의 규범력을 갖고 있는 것이지만, 당원이 아닌 자에게까지 법적 구속력을 지니는 것은 아니다. 엄밀히 말해서 북한 집권정당의 규약과 남한의 국가법인 국가보안법을 동일선상에서 비교할 수 없다는 것이다.

　그리고 북한은 1987년 형법을 개정해 반체제활동을 광범하게 처벌하는 근거였던 이른바 '반혁명범죄'를 대폭 축소하여 '반국가범죄'로 재규정한 바 있다. 이 중 문제가 되는 것은 '국가주권을 반대하는 범죄'[269], '민족해방 투쟁에 반대하는 범죄 행위'[270]에 속하는 조항으로, '공화국 전복, 폭동, 테러, 간첩 행위' 등을 처벌하고 있는데 이는 우리 형법상 내란죄,

외환죄, 간첩죄와 기본적으로 같은 내용이다. 제55조의 반국가범죄에 대한 불신고죄가 국보법의 불고지죄에 대응하는 조항으로 문제가 있으나, 그 외의 조항은 국가보안법이 아니라 우리 형법에 상응하는 내용이라 할 수 있다. 제46조의 '반국가범죄 선전·선동'이 국보법 제7조의 '찬양·고무죄'와 비슷한 성격을 띠고 있으나, 우리 형법 제90조 2항, 제101조 2항 내란·외환죄도 선전·선동을 처벌하고 있으며, 국보법 제7조는 선전·선동 외에 고무·찬양·동조도 처벌하고 있다.[271] 즉 문제가 되는 북한 형법 조항은 거의가 우리 형법에도 이미 포괄되어 있는 것이다.

조선노동당 규약과 북한 형법에 냉전의 논리가 강하게 반영되어 있고 이것이 북한 사회에 '사회주의적 민주주의'가 실현되는 데 중대한 걸림돌이 되는 것은 사실이다.[272] 그러나 이 두 가지 규범이 남측의 국보법과 등치되는 존재는 아니며, 국보법 존속을 정당화해주는 근거가 될 수는 없다. 이러한 맥락에서 나는 한인섭의 다음과 같은 주장에 동의한다.

북한의 신형법은 그것대로 많은 문제점을 지니고 있다. (중략) 문제는 북한 신형법의 존재를 우리의 억압적 형법 및 국가보안법을 정당화하기 위한 근거로 삼으려는 저의에 있다. 하지만 국가보안법에 대한 비판은, 이제까지 독재권력과 지배구조의 안전을 위한 목적으로 활용되었고 헌법상의 기본권을 유린했다는 점에 있었던 것이며, 이런 비판은 북한법의 여하에 관계없이 유효한 것이다. (중략) 남한의 형법과 국가보안법, 북한의 신형법 가운데 상호 적대적인 부분을 공동의 협의를 통해 개폐할 수 있다면 가장 바람직할 것이다. 그러나 북한의 태도와 상관없이, 우리 자신의 헌법이념과 조화될 수 없고 변화하는 국내외적 상황과 부합할 수 없는 국가보안법을 폐기하는 것이 과제로 주어진다. 현시점에서 국가보안법은 오직 '국내용' '탄압 수단'의 의미밖에 없다. 국가보안법의 폐기는 분단과 독재 체제를 유지하고자 하는 집단에게는 무장해제와 다름없겠지만, 기본권이 보장된 민주화와 통일을 갈망하는 국민들에게는 무엇보다도 선결과제가 될 터이다.273

(2) 다른 민주주의 국가에도 유사 법률은 있다?

2000년 〈조선일보〉는 당시 참여연대 사무처장 박원순 변호사가 국회토론회에서 "국보법은 세계 어디에도 없는 시대착오적 법률"이라고 지적하자, 사설을 통해 이를 잘못된 주장이라고 비판하면서 미국과 독일의 사례를 길게 원용했다.274 경제학자 박광작도 같은 신문에서 독일 형법이 국보법과 마찬가지라는 식의 주장을 펼쳤다.275 미국과 독일도 우리 국보법과 비슷하거나 가혹한 조문들로 구성된 특별형법을 가지고 있다는 것이다. 일본의 예를 덧붙여 과연 그러한지 살펴보자.

ㄱ. 미국

미국에 우리의 국보법에 해당하는 대표적인 법률로 1950
년의 '국내안전법'(제안자의 이름을 따서 '매캐런법McCarren Act'
이라고도 한다)이 있었던 것은 사실이다.[276] 이 법은 여러 공
산주의 단체를 탄압한다고 명시적으로 선언하고 있는데, '파
괴활동단속법'으로 불리는 제1장과 '긴급구속법'으로 불리
는 제2장으로 구성되어 있다.[277] 이 법 제2조는 공산주의운
동의 존재는 "미국의 안전과 자유로운 미국의 제도들에 대
한 '명백하고 현존하는 위험'을 만든다"라고 규정해 처음부
터 위헌론이 제기될 가능성을 입법적으로 봉쇄했다. 이 법
은 '공산주의 단체'의 거의 모든 활동을 통제·차별하고 불이
익을 주는 내용을 담고 있다. 특히 '공산주의 단체' 개념 속에
'공산주의 행동단체', '공산주의 외곽단체', '공산주의자 침투
단체' 등을 포괄함으로써, 공산당은 물론 공산당원이 관련하
고 있는 모든 단체, 국내외의 공산주의자가 지지·참여하는
모든 운동을 탄압할 수 있었다. 예를 들면 반전평화운동에
참가하는 개인과 단체도 이 법률에 따라 처벌을 받았다.

이 '매캐런법'은 극우적 매카시즘의 광풍이 불 때 제정된
것으로[278], 〈조선일보〉가 이 법률에 의존해 주장을 펴는 것은
우연이 아닌 듯싶다. 그런데 〈조선일보〉는 이 법률과 관련해
중대한 사실을 빠뜨리고 있다. 즉 미국에서 매카시즘을 통
렬하게 반성하기 시작하면서 연방대법원이 이 법률을 비롯

해 매카시즘 아래 제정된 여러 '반공법'을 사문화하거나 위헌 선언을 내렸다는 점이다. 그 결정적인 계기가 제3장에서 살펴본 1957년의 '예이츠 판결'이다.[279] 그리고 1967년 '로벨 판결Robel v. United States'[280]은 '매캐런법'을 결사의 자유에 관한 수정헌법 제1조의 권리를 침해하는 것으로서 위헌이라고 판시했고, 따라서 동법은 효력을 잃어버렸다.

ㄴ. 독일

〈조선일보〉는 독일 형법도 잘못 이해하고 있다. 독일 형법상 '민주적 법치국가를 위태롭게 하는 죄'가 '위헌 선언된 정당'의 활동과 이 조직에 대한 선전 등을 처벌한다고 규정하고 있음은 사실이다. 그리고 아데나워 정권 당시 냉전의 분위기가 강화되면서 1956년 헌법재판소가 '독일공산당(KPD)'에 위헌 결정을 내린 바 있다.[281]

아데나워 정부 출범 전 KPD는 합법 정당이었고, KPD가 주도한 시위, 항의, 파업 등은 어디까지나 헌법의 테두리 안에 있었다. KPD가 아데나워 정부를 폭력적으로 전복하는 행위에 착수한 것도 아니었다. 당시 KPD는 독일이 재통일되기 전까지는 서독에서 사회주의 혁명과 사회주의 건설을 이룰 수 없다는 기조 아래 전략을 세우고, 민주주의 투쟁을 수행하고 있었다. 1960년대에 등장한 '적군파'식의 테러 행위를 하지 않았음은 물론이다. 그러나 당시 헌법재판소는 "자유롭고 민주적인 기본 질서를 침해하거나 폐지하는 행위에 착수하지 않더라도, 당의 정치적 방침이 원칙적이고 지속적인 경향을 가지고 민주적 기본 질서와 투쟁한다는 의도가 결정되면 위헌성이 인정된다"[282]라며, 현재 우리 대법원과 비슷한 주장을 펼쳤다.

그러나 그 뒤 냉전이 끝나고 기민당(CDU)과 사민당(SPD) 간의 대연립내각이 성립하자, 1968년 KPD의 전통을 계승한 새로운 '독일공산당(DKP)'이 다시 조직되었고, 1980년 초반까지 DKP는 선거에 참여하는 합법정당으로 활동했다. 물론 "KPD를 위한 대체조직을 결성하거나 현존조직들을 대체조직으로 존속시키는 것은 금지된다"라고 한 1956년 당시의 판결주문을 들어 DKP의 해산을 제소하는 일은 일어나지 않았다. 또 현재 야당으로 국회에서 활동하고 있는 민주사회당(PDS)이 과거 동독의 집권당인 독일통일사회당(SED)의 후신이라는 사실을 기억해야 할 것이다.

〈조선일보〉가 독일 형법을 왜곡하자, 독일대사관의 트라우만Stefan Traumann이 곧 적절한 반론을 펼쳤다. 그의 이야기를 잠시 들어보자.

…사설에 따르면, 독일 형법의 국가보안 규정이 한국의 국보법보다 훨씬 광범위하고 가혹하다는 인상을 받는다. 이것은 사실과 다르다. 독일 형법의 정치적 범죄사실 구성은 아주 까다로운 요건의 제약을 받는다.

사설에 언급된 위헌조직의 선전물 제작 반포의 경우, 어떤 정당이나 기관을 위헌조직이라고 규정하려면 반드시 헌법재판소의 판결이 선행되어야 한다. 사설에 언급된 부모, 자녀 및 배우자 등 가까운 친족까지도 고지해야 할 의무조항은 존재하지 않는다. 고지 의무는 몇 안 되는 아주 심각한 범죄사실에 한하며, 그 구성 요건은 매우 엄격하다. 침략전쟁 예비, 내란, 외적 안전에 대한 위협 등이다. (중략) 형법 규정이 대단히 협의적이고 피의자에게 소송이라는 법적 수단이 개방되어 있기 때문에 독일연방공화국 역사상 이 규정들이 실제로 적용된 예는 거의 없다.[283]

김일수도 독일 형법의 해당 구성 요건이 필요성과 실효성 면에서 죄형법정주의에 충실한 입법이며 그 형사사법 운영 역시 비교할 수 없을 정도로 신사적이라는 점을 지적한 바 있다.[284]

ㄷ. 일본

가까운 일본은 어떤가? 태평양전쟁이 끝난 후 미군정은 점령 초기에 일본의 민주화를 위해 '치안유지법' 폐지, 재벌 해체 같은 조치를 취하고 일본공산당을 합법화했다. 그러나 냉전이 시작되면서 점령 정책은 근본적으로 변한다. 1950년 6월 6일의 '맥아더 서한'은 공산당 중앙위원의 공직 추방, 당 기관지 정간 및 그 후계지 발행 금지 등을 아무런 법적 근거 없이 일본 정부에 명령했고, 이를 시작으로 악명 높은 '좌익 추방'이 펼쳐졌다. 그 결과 신문, 방송, 전산, 통신 기업에서부터 일반 기업에까지 모든 산업 분야에 걸쳐 15만 2,000명에 이르는 공산당원과 동조자들이 직장에서 추방되었다.[285]

오늘날 이 좌익 추방은 "자유나 민주주의와 정면에서 모순"되고 "다시는 시도해서는 안 되는 중대한 악례"이며[286], "사상·언론의 자유에 관한 근대적 원칙의 완전한 부정 위에 선 조치였을 뿐만 아니라, 법의 정당한 절차를 무시한 야만적 행동"이었다고 평가받고 있지만[287], 당시 법원은 이를 옹호하기에 바빴다. 당시 일본 최고재판소는 "맥아더 서한에 의하면 공산주의자 또는 그 동조자라는 사실만으로 해고될 수 있으며, 즉 어떠한 사상의 소지라는 사실 자체로 인해 차별되는 것으로, 그 이상의 외부적인 이유, 예컨대 위법한 행위를 일체 필요로 하지 않는다"[288]라고 선언하며 좌익 추방을 지지했다.

한편 일본 정부는 1952년 미국과 단독 강화 및 안보 조약을 체결한 후 치안입법의 정비를 꾀하여 '파괴활동방지법'(이하 '파방법')을 제정한다. 이 법은 '폭력주의적 파괴활동'(제4조)의 내용을 광범하게 규정한 후, 이런 활동을 하는 단체가 계속 또는 반복하여 폭력주의적 파괴활동을 할 염려가 분명하다고 인정하기에 충분한 이유가 있는 경우 그 단체의 시위·행진·집회를 금지할 수 있고, 그 기관지의 인쇄·배포를 금지할 수 있게 하는 등의 포괄적 규제를 명문화하고 있다(제5조). 제4조 1항 1호에서 "정치상의 주의 또는 시책을 추진·지지하거나 이에 반대할 목적"을 요구하고 있는 데서 알 수 있듯이 이 법은 명백하게 '정치범죄'를 겨냥한 것이었다.[289] 그리고 '교사·선동'을 그 자체로 독립된 범죄로 처벌하고 있어, 이 법이 겨냥하는 '정치적 교사·선동'의 경우 위법성을 판정하는 기준은 당연히 행위자의 사상의 위험성이 될 수밖에 없었다. 따라서 정치적 반대자들은 부당하게 언론·사상의 자유를 제한받고 억압받았다.[290]

그러나 실제 파방법을 적용한 사건은 지금까지 8건에 불과했고, 법원이 파방법 위반 사건에 많은 제동을 걸었다는 사실에 주목해야 한다.[291] 예를 들어 철공소 정문 앞에서 철공소 노동자 69명이 〈우리는 무장의 준비와 행동을 개시하지 않으면 안 된다〉라는 일본공산당 문건을 약 70부 나눠준 '津〔진〕 사건'의 경우를 보자. 법원은 이 문서가 파방법의 규제에 해당하는 것임을 인정했지만, 이 문서의 성질에 대한 인식이나 실행하려는 의도만으로는 부족하고, "그 결과 발생의 현실적인 가능성 혹은 개연성이 있어야만 한다고 해석되므로 행위자가 내란의 죄를 실행하려는 의도 외에 결과 발생의 현실적인 가능성 혹은 개연성이 존재하고, 그것을 인식하여 그 행위를 나타내려는 경우에만" 목적이 있다고 언명하고, '명백하고 현존하는 위험의 법리'에 따라 피고인에게 무죄 판결을 선고함으로써 파방법 남용에 제동을 걸었다.[292]

비슷한 '교토 사건' 등에서도 무죄 판결을 내렸다.[293]

이처럼 법원이 파방법의 남용을 막기 위해 노력한 결과 이 법은 사실상 사문화되었으며, 잘 알려져 있듯이 현재 일본공산당은 합법화되어 중요한 정치세력으로 존재하고 있다.

요컨대 민주주의 국가에서 직접 폭력을 행사하거나 이를 선동하는 활동을 제외하면 모든 체제 비판적 사상 및 조직의 활동은 합법화되어 있다. 나라마다 자신의 체제를 지키려는 법을 보유하게 마련이다. 우리가 초점을 맞추어야 하는 것은 법의 존재 여부가 아니라, 체제 수호를 위해 사용되는 수단이 그 목적에 비해 과도하고 국민의 기본권을 중대하게 침해하는가 하는 것이다. 우리의 국보법은 냉전·반공·분단 체제의 논리를 비판·거부하는 시민의 사상과 이론, 학문 연구와 예술 창작 및 이를 위한 조직 활동에 대해 설사 그것이 국가 안보에 '명백하고 현존하는 위험'을 일으키지 않더라도, 심지어 북한의 논리와 정책을 비판하더라도 철저히 억눌러왔다. 바로 이러한 맥락에서 국보법은 "세계 어디에도 없는 시대착오적"이며 "유례없는 법률"이라고 말할 수 있다.

4. 결론

이상과 같은 저자의 주장에 대해 아직 남북 간에 화해가 완결되지 않았으며 적대적 긴장이 잠복해 있음을 강조하며 반대하는 사람도 있을 것이다. 그러나 분명한 것은 현재의 남북관계 및 남한 내부 상황이 1948년 국보법을 제정할 때 전제했던 상황과는 완전히 달라졌다는 사실이다. 이제 '무력통일'이 아닌 '평화공존'과 '평화통일'이야말로 남북이 채택할 수 있는 유일한 현실적 대안이 되었고, 국보법 제정 당시와 같은 대규모의 조직적인 무장 지하세력은 남한에 존재하지 않는다. 그리고 국보법 남용 문제는 국내외에서 너무나 많이 논의되었기 때문에 반복할 필요가 없을 것이다. 15여 년 전 법학자 배종대가 탄식한 것처럼, 우리 현대사에서 "이 법률이 안겨다준 질곡을 더 이상 논증해야 할 필요를 느끼지 않는다."294

북한을 반국가단체로 규정하는 한 우리에게 통일은 요원하며, 시민의 사상과 활동의 위험성을 경향성으로 판단하는 한 우리에게 민주는 반쪽이일 뿐이다. 탈냉전과 탈권위주의가 우리 사회가 나아가야 할 방향이라면 평화공존과 민주주의의 활성화, 사상의 백화제방을 가로막는 국보법은 폐지되어야 한다.

국보법이 폐지되기 전이라도 수사기관과 법원은 '명백하고 현존하는 위험'의 법리에 따라 국보법을 엄격하게 적용하고 해석해야 할 것이다. 2000년대 이후 대법원은 '명백하고 현존하는 위험'의 법리를 채택하지는 않았지만 '실질적 해악을 줄 명백한 기준'을 새로이 채용하여 이적단체를 인정하는 데 엄격한 태도를 보이고 있어 다행이다.

예컨대 2004년 7월 9일 대법원 제2부(주심 김용담 대법관)는 국보법 위반 혐의로 기소된 '민족통일애국청년회(민애청)' 전 회장 한 모 씨에 대한 상고심에서, 징역 1년 6개월에 집행유예 3년 및 자격정지 1년을 선고한 원심을 깨고 일부 무죄 취지로 사건을 서울고등법원에 돌려보냈다.[295] 재판부는 이 조직이 현재 이적단체로 규정되고 있는 '범민련' 등의 활동과 연계되어 있고, '범민족대회'에 조직적으로 참가한 사실은 인정하면서도, "민애청이 지향하는 노선이나 목적이 국가의 존립·안전이나 자유민주적 기본 질서에 실질적 해악을 줄 명백한 위험성이 있어 이적단체에 해당한다고 보기에는 부족하다고 보아야 할 것이다"라고 판시했다. 그리고 재판부는 원심이 이적표현물에 해당한다고 판단한 쿠시넨O. V. Kuusinen의 저작《변증법적 유물론 입문》도 '이적표현물'이 아니라고 판시했다. 그리고 2007년 4월 9일 대법원 제2부(주심 김용담 대법관)는 '진보와 연대를 위한 보건의료운동연합(진보의련)'을 결성해 사상학습을 한 혐의 등으로 국보법 위반 혐의로 기소된 의사들에 대한 상고심 선고공판에서 유죄를 인정한 원심을 파기했다.[296]

이러한 '실질적 해악을 끼칠 명백한 위험성'의 기준은 이후 사상의 자유, 표현의 자유를 보장하는 데 상당한 기여를 한다. 예컨대, 2008년 11월 검찰과 경찰은 '사회주의노동자연합'(이하 '사노련')의 운영위원장 오세철 연세대 명예교수와 같은 단체 운영위원 5명 등이 혁명적 사회주의 노동자당 건설 등을 강령으로 국가 체제를 부정하는 문건 등을 제작, 배포했다며 국가보안법 위반 혐의로 구속영장을 2회 청구했으나 그때마다 영장 전담 판사들은 모두 영장을 기각했다. 당시 법원은 기각 사유에서 증거 인멸 및 도주의 우려가 없다는 점 이외에, "사노련이 실제 활동에 있어 국가의 존립과 안전, 자유민주적 기본질서에 해악을 끼칠 위험성을 갖고 있다는 점에 대한 소명이 부족하다"라고 밝혔다. 이후 이들은 사회주의 국가 건설을 위해 국가 변란을 선전·선동한 혐의로 불구속 상태에서 기소되어 현재 재판을 받고 있으나, 무죄의 개연성이 높다는 영장 전담 판사들의 최초 판단이 관철될 것으로 예상된다.

1989년 출범하여 혁명적 사회주의를 지향하며 활동한 '남한사회주의노동자동맹'(이하 '사노맹')의 경우 '반국가단체'로 규정되고 지도자 박노해 씨가 무기징역을 선고받는 등 조직원 전체에게 중형이 선고되었다는 점을 생각하면 격세지감을 느낀다.

그러나 '실질적 해악을 끼칠 위험성' 기준에 의한 관용은 북한 정치노선에 일정하게 동조하는 '친북' 성향의 조직 사건에는 적용되지 않는다. 예컨대, 2008년 '조국통일범민족연합 남측본부'(이하 '범민련 남측본부') 판결[297]에서 피고인이 범민련 남측본부에 가입할 당시 범민련 남측본부가 채택하고 있었던 범민련의 강령에는 외국군 철수, 핵무기 철거, 군비 상호 감축 등이 포함되어 있었고, 2001년 9월 강령·규약 개정 전과 후 동일하게 범민련 남측본부는 연방제 통일, 조국통일 3대 헌장 지지, 미국 반대, 한미 군사동맹 분쇄 등의 주장을 계속 했으며, 10차례에 걸쳐 범민족대회를 개최하면서 이 행사의 해산을 요청하는 정부에 맞서 물리적 충돌을 일으켰고, 북한 조선로동당의 노선에 따라 활동하는 범민련 북측본부 및 해외본부와 상시 연락 체계를 유지하면서 공동의장단회의 등을 통해 자신들의 사업 활동 방향을 결정했음이 확인되었다. 이에 다수의견은 범민련 남측본부는 "국가의 존립·안전과 자유민주적 기본질서에 실질적 해악을 끼칠 위험성"을 가지고 있다고 판단하고 동 단체를 '이적단체'로 인정했다.

그런데 여기서 주목할 점은 박시환, 김지형, 전수안 세 명의 대법관이 "실질적 해악을 끼칠 위험성이 있는 경우라 함은 국가의 존립·안전과 자유민주적 기본질서에 명백하고도 현존하는 구체적인 위험을 발생시키는 경우에 한정한다"라고 해석하면서 제시한 별개의견이다. '명백하고 현존하는 위험'의 법리가 온전한 형태로 한국 대법원에 등장한 순간이었다. 세 대법관은 다음과 같은 기준을 제시하며 범민련 남측본부의 이적성을 부정한다.

"구체적으로는 그 단체가 규약·강령·조직과 임원구성·내부결의·외부에 표명된 단체의 의사·대외활동 등으로 추단되는 그 단체의 목적, 목표, 활동방향 등 집단의사 자체가 자유민주적 기본질서와 양립할 수 없는 내용이라 하여 그 사실만으로 그 단체를 국가보안법상 이적단체로 판단해서는 아니 되고, 그와 같이 추단되는 단체의 집단의사를 실현하는 수단·방법으로 그 단체가 정한 것이 **오로지 무장봉기 등 자유민주질서가 용인할 수 없는 방법**일 때에 한하여 그 단체를 이적단체로 인정하여야 한다." (강조는 인용자)

그리고 세 대법관은 피고인이 통일부장관으로부터 북한 방문 증명서를 발급받아 북한을 방문한 기간 동안 범민련 북측본부 의장 등을 만나서 범민련의 강령·규약의 개정을 논의하고 이를 개정한 행위에 대해서도 명백하고 현존하는 실질적 해악성을 인정하기 어려우므로 이를 국가보안법상 회합죄로 처벌할 수 없다고 보았다.

이러한 세 대법관의 의견은 2010년 '남북공동선언실천연대'(이하 '실천연대') 판결에서 재현된다.[298] 실천연대는 강령, 규약, 출범식 보도문 등에서 반미자주화, 미국의 한반도 지배양식 제거 등을 주장하고 있으며, 북한의 주체사상, 선군정치, 강성대국론, 핵실험 등에 대해서도 긍정적인 입장을 표시해왔다. 또한 실천연대의 주요 직책은 대법원에 의하여 '지적단체'로 규정된 '한국대학총학생회연합' 간부 출신 인사가 맡고 있다. 이상의 점을 기초로 다수의견은 동 단체를 '이적단체'로 인정했다.

그러나 박시환, 김지형, 이홍훈, 전수안 네 명의 대법관은 반대의견을 제출한다. 이들은 반미자주, 미군철수, 연합·연방제 통일, 진보개혁 진영의 연대와 같은 주장은 사상의 자유와 참정권이 보장된 대한민국 내에서 자유로운 토론의 대상이 될 수 있고 그중에 국가의 존립·안전이나 자유민주적 기본질서에 직접 위해가 된다고 볼만한 것은 없으며, 북한 자료를 인용한 강의 교재에 북한의 주체사상과 선군정치 등을 긍정적으로 평가하는 부분도 있으나 이는 통일운동과 북한을 이해하기 위한 수단으로 북한 자료를 사용하여 북한의 사상과 체제 운용 방식을 소개하는 정도이고, 물리력 행사와 민중 폭력의 당위성을 언급한 부분도 그 빈도와 전체 문맥에서 차지하는 의미·비중 등을 종합해보면 이론적 타당성을 원론 수준에서 언급한 정도에 불과하며, 실천연대는 통일부에 비영리민간단체로 공식 등록을 하여 약 10년간 적법 영역 내의 단체로 활동해왔다는 점 등의 이유에서 실천연대를 대한민국의 존립·안전이나 자유민주적 기본질서에 해악을 끼칠 명백·현존하는 위험을 가진 이적단체라고는 볼 수 없다고 파악한다.

그리고 네 명의 대법관은 이적표현물이 되기 위해서는 '적극적이고 공격적인 표현'이라는 요건 외에 '명백하고 현존하는 위험'의 요건이 충족되어야 한다고 보고, 실천연대가 제작한 각종 표현물의 이적성을 부정했다.

오늘날 한국 사회에서 사상의 자유, 표현의 자유에 대한 문제는 북한 정치노선에 동조하는 '친북' 성향의 표현물, 활동, 조직을 어떻게 할 것인가라는 예민한 문제와 직면하게 되어 있다. 사노련 사건에서도 드러났듯이 혁명적 사회주의 단체라고 하더라도 북한과 전혀 연관이 없거나 또는 주체사상, 북한 체제와 노선 등에 대하여 비판적인 입장을 취하고 있다면 처벌의 대상에서 제외해야 한다는 의견이 법조계 내에서 다수의 공감을 얻고 있다. 그러나 범민련 남측본부나 실천연대처럼 주체사상과 북한의 정치노선에 부분적·전체적으로 공감하거나 동조하는 단체는 용인할 수 없다는 것이 법조계의 다수의견으로 자리 잡고 있다. 다수 시민의 의식도 이 정도일 것이다. 그러나 제3장에서 보았듯이 '명백하고 현존하는 위험'의 법리는 우리가 제일 두려워하고 반대하는 사상과 그에 기초한 실천에도 적용되어야 한다는 점을 생각하면서 이러한 친북 행위에 대한 법적 평가를 내리는 것이 올바를 것이다.

한편 국보법이 폐지되더라도 국가안보에 구체적이고 실질적인 위험을 주는 내란, 폭동, 간첩 등의 행위와 이를 위한 범죄단체의 조직 등은 이미 존재하는 형법, 집회 및 시위에 관한 법률, 도로교통법 등으로 제재할 수 있다는 점을 생각하면 국보법이 설 기반은 없다. 김종서의 다음과 같은 지적은 날카롭다.

> 국가보안법의 적용 대상인 표현이나 행위는 모두가 형법에 의하여 규율될 수 있는 것이어서 국가보안법이 따로 존립해야 할 근거가 없고, 형법의 적용 대상이 되지 않는 행위에까지 국가보안법을 적용하게 되면 그 자체가 헌법 위반이 된다.[299]

국보법은 완전히 폐지되어야 한다. 문제되는 법조문의 부분개정이나 대체입법 제정은 미봉책일 수밖에 없다. 프로크루스테스가 자신의 흉기인 침대의 길이와 폭을 바꾸거나 다른 새로운 침대를 사용한다고 해서 그에게 희생당하는 사람이 없어지는 것은 아닐 것이다. 프로크루스테스와 그 침대를 없앨 때에야 비로소 비극은 끝나는 것이다.

국보법 폐지 문제를 정치투쟁의 쟁점으로 삼으면 해결책이 보이지 않는다. 국보법 폐지에 반대하는 보수 정당이나 시민·사회단체도 국보법을 인권의 문제로 파악하고 차분히 접근해야 한다. 특히 2004년 국가인권위원회의 다음과 같은 권고를 경청하기를 희망한다. 국가인권위원회가 '친북좌파'라서 이러한 결정을 내린 것은 아니지 않겠는가.

국가보안법은 그 제정 과정에서부터 태생적인 문제점을 안고 있었을 뿐만 아니라, 형법이 제정된 이후에 이루어진 수차례의 개정도 국민적 합의를 거치지 않은 절차적 정당성을 결한 것이어서 법률로서의 규범력이 부족하며, 죄형법정주의에 위배되고 사상과 양심의 자유 및 표현의 자유 등 인간의 가치와 존엄성을 해할 소지가 많은 반인권적 법률이라는 비난을 면치 못한다. 국가안보에 관한 범죄는 형법 등 다른 형벌법규로 의율이 가능하여 국가보안법이 폐지되더라도 처벌 공백은 거의 없다고 볼 수 있다. 다만, 필요한 경우 미흡한 부분이 생긴다면 형법의 관련 조항을 개정·보완하는 방안을 강구할 수도 있을 것이다. 그리고 우리나라는 국제사회의 일원으로 국제사회의 여론과 결정을 수용할 필요가 있으며, 시대적 상황 변화에 부응하는 자세로 북한에 대한 대응책을 마련해야 한다.300

마지막으로 국보법이 폐지될 경우 '국민정서'상 용납되지 않는 일이 발생할 수 있다는 우려가 있기에 이 점을 언급하기로 한다. 예컨대 김일성 전집을 출판하거나, 길거리에서 "김일성·김정일 만세, 주체사상 만세"를 외치며 전단을 뿌리며 인공기를 게양하거나, 조선노동당 남조선 지부를 만드는 것을 허용해도 좋다는 말인가 하는 반론이 나올 수 있을 것이다.

먼저 조선노동당 남조선 지부를 결성하는 문제는 우리 정당법으로 규제할 수 있으므로 국보법의 몫이 아니다. 정당법상 "정당의 목적이나 활동이 민주적 기본 질서에 위배될 때"는 정당을 해산할 수 있기 때문이다. 그리고 김일성이나 김정일 저술을 국내에 소개·출판하는 것 자체를 처벌하는 것은 편협한 일이다. 북한 정치지도자의 저술도 공개적인 토론과 비판의 장에 오를 수 있어야 한다. 근래 한국 정부가 북한의 출판물 출간을 허용하고, 공영방송이 정규 프로그램에서 북한 방송을 송출하고 있으며, 최근에는 북한의 위성방송까지 허용했음에도 별다른 문제가 일어나지 않았다.

그리고 북한 정권의 노선이나 북한 지도자를 찬양하는 행위나 인공기 게양 같은 경우도 그 행위가 어떤 맥락에서 이루어졌는지를 먼저 살펴보아야 한다. 예컨대 김일성의 항일 무장투쟁을 역사적 사실로 인정하고 독립운동의 일환으로 평가하거나, 남북한의 평화공존을 기원하며 태극기와 인공기를 게양하는 것이 국보법상의 '이적'이라는 주관적 의사가 없으므로 처벌받아서는 안 될 것이다. 만약 북한 정권과 북한 지도자에 대한 찬양을 내란이나 외환 등의 범죄를 예비·음모하는 차원에서 행한다면 형법상의 해당 조문으로 처벌될 것이다.

그러나 이러한 차원이 아닌 단순 찬양 행위의 경우에는 굳

이 형법적 제재가 필요하지 않다. 예를 들어 2006년 자신의 인터넷 블로그에 북한의 지도자와 정치노선을 찬양하는 내용의 글을 올렸다가 국보법 위반으로 불구속 기소되어 1, 2심에서 유죄 판결을 받은 김영승 씨 사건301을 보자.

김 씨는 빨치산으로서의 투쟁, 조선노동당 입당, 20년간의 징역과 그에 이은 약 13년간의 보안감호처분 등의 이력을 가진 70대의 노인이다. 그는 자신의 블로그에 14개 문건을 올렸는데, 여기서 그는 한국전쟁을 '조국해방전쟁'으로 규정하고, 당시 빨치산들을 '영웅', '열사'로 찬양하고 당시의 군경을 '적'으로 호칭하는 한편, 김일성을 '수령님'으로, 김정일을 '장군님'으로 부르고 있다. 또한 그는 2005년 북한의 신년공동사설, 북한의 대남선전기관이 '반제민족민주전선'의 '3대 애국운동'(민족자주, 반전평화, 민족대단합) 노선에 충실하면서, '반미결사항전'의 결의를 다져 미국을 몰아내고 '반동냉전수구'세력을 분쇄하자는 주장을 펴고 있다. 여기서 김 씨가 한국 역사와 사회를 북한 정권의 입장에서 분석·평가하고 있음은 쉽게 확인된다.

문제는 이러한 김 씨의 표현 행위에서 국가의 존립·안전이나 민주주의 질서에 대한 '명백하고 현존하는 위험'이나 '실질적 해악을 줄 명백한 위험성'을 발견할 수 있는가다.

먼저 김 씨의 행위가 국가의 존립·안전이나 민주주의 질서에 대해 '실질적 해악'을 초래한다고 평가할 수 없다. 그가 작성한 14개 문건은 주로 지리산 등 빨치산 전적지를 순례하면서 느낀 소감을 담고 있다. 그 내용은 과거 출판된 여러 빨치산 관련 수기와 소설 등에서 소개된 것과 유사하다. 이러한 출판물은 출판 초기에는 많은 관심을 불러일으키고 논쟁도 촉발했지만, 이 때문에 국가의 존립·안전이나 민주주의 질서가 위태롭게 되었다고 보기는 어렵다. 오히려 이러한 표현물의 출판은 한국전쟁에 대한 남과 북의 공식적 입장을 모두 비판적으로 재평가하는 계기가 되었다. 이러한 맥락에서 볼 때 그가 작성한 14개 문건이 새삼 국가의 존립·안전이나 민주주의 질서에 대해 실질적 위험을 초래한다고 평가하는 것은 무리다.

둘째, 김 씨의 표현 행위에는 '위험의 현존성'과 '위험의 명백성'이 결여되어 있다. 북한 체제를 찬양하고 김일성과 김정일을 '수령' 또는 '장군'으로 호칭하는 것이 우리 사회의 정서에 부합하지 않고, 사회의 구성원에게 불쾌감이나 당혹감을 줄 수는 있을 것이다. 그러나 한국 민주주의와 시민의 정치의식 수준, 김 씨의 나이와 정치·사회적 영향력 등을 종합적으로 고려할 때, 이러한 표현 행위가 즉각적이고 명백한 체제 위협을 초래한다고 보기는 어렵다. 또한 형벌의 목적의 관점에서 보더라도 평생을 북한의 논리에 따라 살아온 김 씨에게 형벌을 부과하는 것은 효과도 없으며 의미도 없다.

그리고 '3대 애국운동'이 북한의 대남선전기관에서 주창하고 있는 것이기는 하나, 그 내용은 민족자주, 반전평화, 민족대단합 등으로 그 자체로 체제 위협적 성질을 가지고 있지는 않다. 북한 정권은 이 운동을 북한 체제를 지키고자 하는 관점에서 전개해나가겠지만, 이는 남한 사회의 발전과 평화통일을 위해서도 얼마든지 활용될 수 있는 내용을 담고 있다. 그리고 '반미결사항전', '반동냉전수구'세력 타도 등의 주장도 표현이 생경하기는 하지만, 김 씨가 이 주장에 따라 내란을 예비·음모하거나 폭력·방화 등 범죄의 실행에 착수하는 단계로 나아가지 않은 이상 이러한 주장만으로 체제가 위태롭게 된다고는 볼 수 없다.

요컨대 김영승 씨 등 '주체사상파' 인사들의 '친북'적 표현 행위에 대해 국보법을 적용해 처벌하는 것이 능사는 아니다. 오히려 그러한 행위를 정치적 표현의 자유행사의 일환으로 보장한 후, 토론과 비판을 통해 그 내용의 올바름 여부를 드러내는 것이 한국 민주주의를 지키고 그 수준을 높이는 길이라고 본다. 그래도 꺼림칙하다면, 과거 국민회의의 개정안이 제안한 것처럼 '경범죄처벌법'에 이러한 행위를 덧붙여 규제하거나, 한인섭의 제안처럼 이 행위에 한정된 특별 구성 요건을 형법에 추가하면 될 것이다.[302]

지금까지 나의 주장은 다음과 같이 요약할 수 있다.

첫째, 형기를 채우고 출소한 비전향 사상범에게 추상적인 미래의 재범 위험성을 이유로 그의 기본권을 제한하는 것은 내심의 자유를 침해하는 것이다.

둘째, 양심적 병역거부는 '이단' 종교집단의 반사회적 행동이라고 간단히 치부해버릴 사안이 아니라, 대부분의 민주주의 국가에서 '권리'로 인정하고 있고 국제법에서도 승인한 인권의 문제. 국가는 시민의 양심과 정면으로 충돌하는 작위 의무를 강제해서는 안 되며, 양심적 병역거부자를 위한 대체복무제를 도입해야 한다.

셋째, 사상의 자유는 사회 진보의 필수요건이며, 진리는 사상의 충돌 속에서 모습을 드러낸다. 사상 간의 경쟁을 봉쇄하는 '빨갱이 콤플렉스'는 사라져야 하며, 체제를 비판·부정하는 사상의 표명·실천도 그것이 폭력과 파괴 행위를 수

반하는 등 '명백하고 현존하는 위험'을 일으키지 않는 한 사상의 자유의 하나로 보장해야 한다.

넷째, 국가보안법은 통일의 한 주체인 북한을 '반국가단체'로 규정하여 통일 지향을 가로막는 법률이며, 자의적으로 해석될 수 있는 불명확한 개념을 사용하여 시민의 정치적·시민적 기본권을 광범하게 침해하는 법률이므로 폐지되어야 한다. 국가보안법을 폐지하더라도 국가안보에 구체적이고 실질적인 위험을 주는 행위는 형법 기타 다른 법률도 제재할 수 있다.

우리 사회에서 양심과 사상의 자유는 민감한 주제다. 권위주의 체제 아래에서는 말할 것도 없고, 민주화 후에도 반공과 안보 이데올로기가 여전히 힘을 떨치는 상황에서 양심과 사상의 자유를 전면적으로 보장하라는 주장은 낯설게 들릴지도 모른다. 그러나 지금까지 살펴본 것처럼 이러한 주장은 '급진·좌경·불온 세력' 또는 '이단' 옹호 세력의 목소리가 아니라, 밀, 볼테르 같은 자유주의·계몽주의 사상가, 미국 연방대법원의 판결, 그리고 여러 인권 관련 국제법규에서 비롯한 것이다. 저자의 주장은 좌 또는 우의 이데올로기에 따른 것이 아니라, '민주주의 일반'에 충실하자는 제안이다. 그리고 해방 후의 좌우대립, 한국전쟁, 분단 이후의 남북대립, 장기간의 권위주의 통치 등이 만들어놓은 완고한 고정관념을 반성적으로 재검토하자는 제안이기도 하다.

민주화 이후에도 우리 사회에 양심수가 있느니 없느니 논쟁을 벌이는 것도 이와 관련이 있다. 정부는 양심수는 없고 실정법률 위반자만이 있을 뿐이라고 주장하지만, 문제의 실정법률이 '민주주의 일반'의 내용을 충족하지 못한다면 실정법률 위반자도 양심수가 될 수 있다. 국제사면위원회Amnesty International는 양심수를 "폭력을 주창하거나 직접 사용하지 않았는데도 자신의 정치적·종교적 또는 여타 양심에 따라 형성된 신념을 이유로, 또는 자신의 인종적 연원, 성, 피부색, 언어, 민족적 또는 사회적 연원, 경제적 지위, 출생 같은 지위 때문에 투옥, 구금, 또는 다른 육체적 제약이 부과된 사람들"303이라고 정의하고 있다. 이 기준에 따르면 우리 사회에서 국가보안법 위반자와 양심적 병역거부자 대부분은 "정치적·종교적 또는 여타 양심에 따라 형성된 신념을 이유"로 처벌된 사람들이므로 양심수의 테두리에 들어간다.

장기간의 권위주의 통치의 후과(後果)로 우리 사회에서 양심과 사상의 자유는 심하게 위축·왜곡되어 있다. 민주화 이후 전개된 많은 개혁에도 불구하고, 빨갱이 콤플렉스와 사상공포증은 일소되지 않고 있으며 양심과 사상에 대해서도 획일의 논리가 강한 힘을 갖고 있다. '명백하고 현존하는 위험'의 법리를 채택하고 국가보안법을 폐지하자는 주장에 대해서는 당장 조갑제 같은 '멸공국민혁명론'자나 공안당국은 반발할 것이고, 양심적 병역거부권을 인정해야 한다는 주장에는 국방부와 보수 기독교계가 반발할 것이다.

그러나 우리는 양심과 사상을 제도나 물리력으로 규제하려는 시도가 한때 효과를 보았을지는 몰라도 끝내는 항상 실패해왔음을 상기해야 한다. "진리 여부를 가리는 최고의 검증방법은 그 사상이 시장의 경쟁 속에서 수용되는 힘을 갖고 있는가 하는 것이다"[304]라는 20세기 초 홈스 대법관의 금언은 지금도 유효하다. 우리는 양심과 사상의 자유 없이는 인간의 존엄과 인격 발전 그리고 사회 진보가 불가능하다는 원칙 위에 확고히 서야 하며, 멸공, 안보 및 획일의 논리에서 벗어나 양심과 사상의 자유를 바라보아야 한다. 그리고 "다를 수 있는 자유의 실체는 기존 질서의 심장을 건드리는 사안에 대하여 다를 수 있는 권리가 있는지 없는지에 따라 검증되는 것이다"[305]라는 스톤 대법관의 말을 되새기며, 민주주의, 인권, 그리고 관용의 의미를 짚어보아야 할 것이다.

사실 기존의 제도와 통념, '다수자'의 목소리를 무조건 추종하기보다는 자신의 양심의 소리에 귀를 기울이고 비판적이며 전복적인 사상을 만들고 실현한 사람들이 있었기에, 사회의 모순이 조기 발견되고 해소되었으며 사회는 지금만큼이라도 진보할 수 있었다.

요컨대 시민이 자신의 양심과 사상을 지니고 실현하는 자유에 대한 국가의 제약은 가능한 한 억제되어야 하며, 제약

을 할 때는 엄격한 요건에 따라, 그리고 그 자유를 최소한도
로 침해하는 범위와 정도로 해야 한다.

1 이 책의 기초가 된 나의 글들은 다음과 같다.

① 〈현행 국가보안법과 사회안전법에 대한 비판적 고찰〉, 서울대학교 법과대학,《Fides》제28권 제1호(1988년 5월).

② 〈한국 근현대사에서의 사상통제법〉, 역사문제연구소,《역사비평》1988년 여름호.

③ 〈현행 국가보안법, 안기부법 및 개정안 비판〉, 한겨레사회연구소,《겨레의 길》창간호(1991년 2월).

④ 〈사회주의자를 처벌하는 사회는 민주주의 사회가 아니다〉,《사회평론》1992년 6월호.

⑤ 〈사상의 자유에 대한 재검토〉, 대한변호사협회,《인권과 정의》제192호(1992년 8월).

⑥ 《사상의 자유》(살림터, 1992).

⑦ 〈'프로크루스테스의 침대', 국가보안법〉,《진보저널》제10호(1993년 7월 1일).

⑧ "Tension between the National Security Law and Constitutionalism in South Korea: Security for What?", *Boston University International Law Journal*, vol. 15, no. 1(1997년 봄).

⑨ 〈국가보안법 전면폐지론〉, 새천년민주당 국가보안법개정 기획단 주최 '국가보안법 개정에 관한 토론회' 발표문(2000년 10월 9일).

⑩ 〈국가보안법 전면폐지론〉, 한국정치연구회, 《정치비평》 제8호(2002).

⑪ 〈양심적 병역거부권: 병역기피의 빌미인가 '양심의 자유'의 구성요소인가?〉, 민주주의법학연구회, 《민주법학》 제20호(2001).

⑫ "Conscientious Objection to Military Service in Korea: The Rocky Path from being an Unpatriotic Crime to a Human Right", *Oregon Review of International Law*, vol. 9, issue 1 (2007).

2 권영성, 《헌법학원론》(보정판)(법문사, 2003), 451쪽; 김철수, 《헌법학개론》(제17전정신판)(박영사, 2005), 664쪽; 성낙인, 《헌법학》(제7판)(법문사, 2007), 399쪽; 정동섭, 《헌법학원론》(박영사, 2006), 411쪽; 최대권, 《헌법학강의》(증보판)(박영사, 2001), 273쪽.

3 헌법재판소 1996년 3월 27일 선고 96헌가11 판결.

4 헌법재판소 1991년 4월 1일 선고 89헌마160 판결.

5 권영성, 《헌법학원론》, 451쪽.

6 김철수, 《헌법학개론》, 663쪽.

7 권영성, 《헌법학원론》, 452쪽.

8 BVerfGE 12, 45(56).

9 대법원 1997년 6월 13일 선고 96다56115 판결.

10 헌법재판소 2002년 4월 25일 선고 95헌마425·99헌마170·498결정.

11 헌법재판소 1997년 11월 27일 선고 92헌바28 판결.

12 허영, 《한국헌법론》(박영사, 2001), 381쪽.

13 대법원 1955년 12월 21일 선고 65도894 판결; 대법원 1969년 7월 22일 선고 69도934 판결; 대법원 1976년 4월 27일 선고 75누

249 판결; 대법원 1985년 7월 23일 선고 85도1094 판결 등; 대법원 2004년 7월 15일 선고 2004도2965 판결.

14 손동권, 〈양심범 처벌의 법이론적 기초〉, 한국형사법학회, 《형사법연구》 제4호(법원사, 1991), 45쪽.

15 허영, 《한국헌법론》, 231쪽.

16 J. B. 베리, 《사상의 자유의 역사》, 양병우 옮김(박영사, 1986), 7쪽.

17 대법원 1992년 3월 31일 선고 90도2033 판결.

18 Communication no.628/1995: Republic of Korea, /03/11/98, CCPR/C/64/D/628/1995; Concluding Observations of the Human Rights Committee: Republic of Korea, 01/11/99, CCPR/C/79/Add.114.

19 리차드 H. 미첼, 《일제의 사상통제》, 김윤식 옮김(평화출판사, 1982), 140쪽 이하 참조.

20 〈한겨레〉, 1992년 8월 15일자.

21 1928~1935년에 조선에서 치안유지법 사건으로 검거된 사람은 약 1만 6,000명에 이르렀다. 그 가운데 보호관찰 대상자는 약 6,400명이었고, 1933~1938년에는 약 8,000명이었다〔現代史の會, 《季刊現代史》第7號(1976), 125쪽〕.

22 리차드 H. 미첼, 《일제의 사상통제》, 172~173쪽.

23 1938년 7월부터 1940년 4월까지 보호관찰에 접수된 사람은 총 1만 2,604명이었고, 이 중 보호관찰에 회부된 사람은 총 927명이었다〔임종국, 《일제하의 사상탄압》(평화출판사, 1985), 173쪽의 표 8; 조선총독부조사월보(1938년 8월~1940년 5월)〕.

24 보호사는 1973년 3월 유신체제가 채용한 '전향공작 전담 교회사(敎誨師)'를 연상시킨다.

25 대화숙은 '황도정신 수양도장'을 설치하고 강연회, 좌담회를 개최

하는 등의 활동을 했다. 1943년 당시 91개 지부를 두었고 회원은 5,400명이었다(송건호,《한국현대사론》(한국신학연구소, 1980), 236쪽; 임종국,《일제침략과 친일파》(청사, 1982), 76~77쪽).

26 Bruce Cummings, *The Origins of the Korean War, The Roaring of the Cataract*, 1947-1950, vol. 2(1990), 215쪽.

27 강성현, 〈전향에서 감시·동원, 그리고 학살로: 국민보도연맹 조직을 중심으로〉,《역사연구》제14호(2004년 12월); 김선호, 〈국민보도연맹의 조직과 가입자〉,《역사와 현실》통권 제45호(2002년 9월); 김학재, 〈사상검열과 전향의 포로가 된 국민: 국민보도연맹과 국가감시체제〉,《당대비평》통권 제27호(2004년 가을); 서중석, 〈보도연맹〉,《내일을 여는 역사》제7호(2001년 겨울) 등 참조.

28 김기진,《끝나지 않은 전쟁, 국민보도연맹: 부산·경남지역》(역사비평사, 2002); 정병준, 〈한국전쟁 초기 국민보도연맹원 예비검속·학살 사건의 배경과 구조〉,《역사와 현실》제54호(2004년 12월) 등 참조.

29 〈연합뉴스〉, 2002년 8월 29일자; 〈국민일보〉, 2002년 8월 29일자; 〈동아일보〉, 2002년 8월 29일자.

30 이규호, 〈사회안전법의 피해자들〉,《말》1988년 11월호; 배종대, 〈사회안전법 및 보안관찰법에 관한 비판적 고찰〉, '법과 사회'이론연구회,《법과 사회》창간호(1989) 참조.

31 서준식, 〈반민주적 '전향제도' 없어져야 한다〉,《평화신문》제12호(1988년 7월 31일~1988년 8월 6일).

32 김경환, 〈신영복과 서준식의 '전향에 대하여'〉,《말》1998년 8월호, 45쪽.

33 〈목숨 건 절규, 나는 왜 영원히 유배되어야 하는가!〉,《말》1987년 5월호, 20쪽에서 재인용.

34 대법원 1997년 6월 13일 선고 96다56115 판결.

35 박상천, "사상전향제 폐지를 말한다", 〈동아일보〉, 1998년 7월 30일자.

36 〈정범구가 만난 사람: 박상천 법무부장관〉,《말》1998년 8월호, 34 쪽 이하 참조.

37 헌법재판소 2002년 4월 25일 선고 98헌마425·99헌마170·498 결정. 이에 대한 비판적 평석으로는 박종보, 〈양심의 자유의 규범구조와 보호범위〉, 민주주의법학연구회,《민주법학》제22호(2002년 8월)를 참조.

38 헌법재판소 2002년 4월 25일 선고 98헌마425·99헌마170·498 결정, 3. 나. (1), (가)·(나).

39 강용주, 〈나의 양심 지키기〉, 동아시아평화인권한국위원회 엮음,《동아시아와 근대의 폭력 1》(삼인, 2001), 263쪽.

40 헌법재판소 2002년 4월 25일 선고 98헌마 425·99헌마 170·498 결정, 6. 나. (5).

41 '명백하고 현존하는 위험'의 법리에 대해서는 제3장 제4절에서 더 상세히 검토할 것이다.

42 김경환, 〈신영복과 서준식의 '전향에 대하여'〉,《말》1998년 8월호, 44쪽.

43 Concluding observations of the Human Rights Committee: Republic of Korea, 01/11/99, CCPR/C/79/Add.114.

44 헌법재판소 2002년 4월 25일 선고 98헌마 425·99헌마 170·498 결정, 6. 나. (1)·(2).

45 보안관찰 대상자들이 받는 인권침해에 대해서는 기독교 인터넷 신문 에큐메니안의 홈페이지(www.ecumenian.com)의 2006년 기획 〈창살 없는 감옥, 보안관찰〉을 참조.

46 법학자 이승호는 '보안관찰 해당 범죄'에 속하는 국가보안법 위반 범죄에 유언비어 행위, 금품 수수 행위, 잠입·탈출 행위 등이 포함된

것은 '불법 판단' 자체가 잘못된 것임을 말해준다고 지적한다〔이승호, 〈보안관찰법 폐지론〉, '법과 사회' 이론연구회,《법과 사회》제5호(1992), 202쪽〕.

47 보안관찰법 제27조에 따라 보안관찰처분 대상자 또는 피보안관찰자가 보안관찰처분 또는 보안관찰을 면탈할 목적으로 은신하거나 도주한 때는 3년 이하의 징역에 처한다. 그리고 정당한 이유 없이 제6조 1항, 2항 및 18조 1항 내지 4항의 규정에 따른 신고를 하지 않거나 허위의 신고를 한 자 또는 그 신고를 함에 있어서 거주 예정지나 주거지를 명시하지 아니한 자는 2년 이하의 징역 또는 100만 원 이하의 벌금에 처한다.

48 헌법재판소 1997년 11월 27일 선고 92헌바28 판결.

49 박지현, 〈보안관찰법에 관한 연구—사상범에 대한 보안처분 부과의 법리상 문제점을 중심으로〉(서울대학교 석사 학위논문, 1999), 111쪽.

50 서울고등법원 제5특별부(재판장 박송하) 2000년 9월 7일 선고 99누8857 판결.

51 인권운동사랑방, 〈인권하루소식〉(1999년 4월 10일). 1999년 4월 8일 서울고등법원 특별10부(재판장 이종욱 부장판사)는 이은경, 정명섭 부부가 제기한 보안관찰처분 취소 소송에 대해 원고승소 판결을 내렸다.

52 인권운동사랑방, 〈인권하루소식〉(2000년 3월 1일). 이후 현 씨는 보안관찰처분 취소 소송을 내고 승소한다〔인권운동사랑방, 〈인권하루소식〉(2000년 4월 21일)〕.

53 이승호, 〈보안관찰법폐지론〉, 209쪽.

54 차병직, 〈또 하나 불리한 감옥〉,《한겨레21》제233호(1998년 11월 19일).

55 서준식, 〈보안관찰법—나에게 채워진 족쇄, 내가 풀어야 할 족쇄〉,

한국기독교협의회 인권위원회, 《월간 인권》 제2호(1994년 4월).

56 헌법재판소 1997년 11월 27일 선고 92헌바28 판결.

57 대법원 1986년 6월 24일 선고 86감도107 판결; 대법원 1987년 2월 24일 선고 86감도286 결정; 대법원 1988년 11월 16일 선고 88초60 판결; 대법원 1989년 10월 24일 선고 89감도143 판결 등을 참조.

58 헌법재판소 1997년 11월 27일 선고 92헌바28 판결.

59 박양식, 〈보안처분에 관한 연구—기본원리와 우리 법제를 중심으로〉(한양대학교 박사 학위논문, 1985), 15~16쪽.

60 신양균, 〈형법과 보안처분—국가보안법과 보안관찰법을 생각한다〉, 《사상과 정책》(1989년 9월), 40쪽.

61 박지현, 〈보안관찰법에 관한 연구—사상법에 대한 보안처분 부과의 법리상 문제점을 중심으로〉, 48쪽.

62 박지현, 〈보안관찰법에 관한 연구—사상법에 대한 보안처분 부과의 법리상 문제점을 중심으로〉, 67~69쪽 참조.

63 서울고등법원 1998년 6월 18일 선고 97구10170 판결.

64 서울고등법원 제11특별부 1998년 12월 17일 선고 97구43866 판결.

65 인권운동사랑방, 〈인권하루소식〉(2000년 4월 21일).

66 〈한겨레〉, 2004년 1월 30일자.

67 〈한겨레〉, 2004년 6월 7일자; 〈경향신문〉, 2004년 6월 7일자.

68 〈한겨레〉, 2004년 4월 16일자.

69 〈일제도 해방도 남도 북도 가리지 않았네〉, 《한겨레21》 제651호 (2007년 3월 15일); 〈둘 중 하나는 죽어야 풀릴 문젠가〉, 《한겨레21》 제653호(2007년 3월 29일)

70 〈양심적 병역거부 1만 2,324명 2만 5,483년〉, 《한겨레21》 제651호 (2007년 3월 15일).

71 '양심에 따른 병역거부권 실현과 대체복무제도 개선을 위한 연대회

의' 홈페이지 참조.

72 〈차마 총을 들 수가 없어요〉,《한겨레21》제345호(2001년 2월 7
    일), 28쪽.

73 대법원 1969년 7월 22일 선고 69도934 판결(강조는 인용자). 같은
    취지의 판결로는 대법원 1955년 12월 21일 선고 65도894 판결; 대
    법원 1976년 4월 27일 선고 75누249 판결; 대법원 1985년 7월 23
    일 선고 85도1094 판결 등 참조.

74 대법원 2004년 7월 15일 선고 2004도2965 전원합의체 판결.

75 헌법재판소 2004년 8월 26일 선고 2002헌가1 결정.

76 대법원 2004년 7월 15일 선고 2004도 2965 전원합의체판결(이강
    국 대법관의 반대의견)(강조는 인용자).

77 박노자, 〈양심의 권리가 더 신성하다〉,《한겨레21》제349호 (2001
    년 3월 15일), 88~89쪽.

78 Honorable Jose de Sousa e Brito, "Political Minorities and the Right
    to Tolerance: The Development of a Right to Conscientious Objec-
    tion in Constitutional Law", *B.Y.U. L. Rev.*(1999), 607·611~612쪽.

79 310 U.S. 586(1940)(스톤 대법관의 반대의견).

80 310 U.S. 606.

81 319 U.S. 624(1943).

82 319 U.S. 641~642(강조는 인용자).

83 6 U.N. ESCOR (16/st mtg.), U.N. Doc E/CN.4/SR.161 (1950), at
    11.

84 E.S.C. Res. 198746, 43 U.N. ESCOR Supp. no. 5, at 108~109, U.N.
    Doc. E198718; ECN.4198760(1987).

85 Matthew Lippman, "The Recognition of Conscientious Objection to
    Military Service as an International Human Right", *Cal. W. Intl L.J.*

vol. 21(1990~1991), 31·51쪽.

86 Hum. Rts. Comm. Res. 1989/59, U.N. Doc. E/CN.4/ 1989/59,
    Preamble, Para. 1.

87 Hum. Rts. Comm. Res. 1993/84, U.N. Doc. E/CN.4/ 1993/122,
    Para. 7.

88 Hum. Rts. Comm. Res. 1995/83, U.N. Doc. E/CN.4/ 1995/176,
    Preamble, Para. 1.

89 Hum. Rts. Comm. Res. 1995/83, U.N. Doc. E/CN.4/ 1995/176,
    Preamble, Para. 4.

90 U.N. Hum. Rts. Comm., General Comment 22 (48)(art. 18) Para.
    11.

91 U.N. Hum. Rts. Comm., General Comment 22 (48)(art. 18) Para.
    11.

92 Hum. Rts. Comm. Res. 1999/77, U.N. Doc. E/CN.4/ RES/1998/
    77, Preamble.

93 Hum. Rts. Comm. Res. 1999/77, U.N. Doc. E/CN.4/ RES/1998/
    77, Preamble, Para. 1.

94 Hum. Rts. Comm. Res. 1999/77, U.N. Doc. E/CN.4/ RES/1998/
    77, Preamble, Para. 3.

95 Hum. Rts. Comm. Res. 1999/77, U.N. Doc. E/CN.4/ RES/1998/
    77, Preamble, Para. 4.

96 Hum. Rts. Comm. Res. 1999/77, U.N. Doc. E/CN.4/ RES/1998/
    77, Preamble, Para. 5.

97 Hum. Rts. Comm. Res. 1999/77, U.N. Doc. E/CN.4/ RES/1998/
    77, Preamble, Para. 6.

98 Hum. Rts. Comm. Res. 1999/77, U.N. Doc. E/CN.4/ RES/1998/

77, Preamble, Para. 7.

99 Hum. Rts. Comm. Res. 1999/77, U.N. Doc. E/CN.4/ RES/1998/ 77, Preamble, Para. 8.

100 Hum. Rts. Comm. Res. 2000/34, U.N. Doc. E/CN.4(2000년 4월 20일).

101 Hum. Rts. Comm. Res. 2002/45, U.N. Doc. E/CN.4(2002년 4월 23일).

102 Hum. Rts. Comm. Res. 2004/35, U.N. Doc. E/CN.4(2004년 4월 19일).

103 Implementation of the Declaration on the Elimination of All Forms of Intolerance and of Discrimination Based on Religion or Belief: Report Submitted by Mr. Abdelfattah Amor, Special Rapporteur, in accordance with Commission on Human Rights Resolution 1996/23, U.N. ESCOR, Hum. Rts. Comm., 53d Sess., Provisional Agenda Item 19, U.N. Doc. E/CN.4/1997/91(1996).

104 Implementation of the Declaration on the Elimination of All Forms of Intolerance and of Discrimination Based on Religion or Belief: Report Submitted by Mr. Abdelfattah Amor, Special Rapporteur, in accordance with Commission on Human Rights Resolution 1996/23, U.N. ESCOR, Hum. Rts. Comm., 53d Sess., Provisional Agenda Item 19, U.N. Doc. E/CN.4/1997/91, vol. 7, Para. 21(a).

105 Consideration of Reports Submitted by State Parties under Article 40 of the Covenant: Concluding Observations of the Human Rights Committee(Republic of Korea), CCPR/C/KOR/CO/3/ CRP.1(2006년 10월 31일), para. 17.

106 Amnesty International, Out of the Margins: The Right to Conscien-

tious Objection to Military Service in Europe(1997년 4월 15일); Lippman, "The Recognition of Conscientious Objection to Military Service as an International Human Right", at 46~47; Major, "Conscientious Objection and International Law: A Human Right?", 359 ~361쪽 참조.

107 The Question of Conscientious Objection to Military Service: Report of the Secretary-General prepared pursuant the Commission resolution 1995/83, U.N. ESCOR, 53rd Sess., Provisional Agenda Item 23, U.N. Doc. E/CN.4/ 1997/99.

108 The Question of Conscientious Objection to Military Service: Report of the Secretary-General prepared pursuant the Commission resolution 1995/83, U.N. ESCOR, 53rd Sess., Provisional Agenda Item 23, U.N. Doc. E/CN.4/ 1997/99, Annex II (1).

109 The Question of Conscientious Objection to Military Service: Report of the Secretary-General prepared pursuant the Commission resolution 1995/83, U.N. ESCOR, 53rd Sess., Provisional Agenda Item 23, U.N. Doc. E/CN.4/ 1997/99, Annex II (2).

110 The Question of Conscientious Objection to Military Service: Report of the Secretary-General prepared pursuant the Commission resolution 1995/83, U.N. ESCOR, 53rd Sess., Provisional Agenda Item 23, U.N. Doc. E/CN.4/ 1997/99, Annex II, Table II.

111 The Question of Conscientious Objection to Military Service: Report of the Secretary-General prepared pursuant the Commission resolution 1995/83, U.N. ESCOR, 53rd Sess., Provisional Agenda Item 23, U.N. Doc. E/CN.4/ 1997/99, Annex II(6). 이스라엘은 대체복무제를 여성에게만 인정한다. 병역거부를 한 남성에게 부과하

는 형량은 30일 정도의 유기징역에 불과하다[Amnesty International, ISRAEL, The Price of Principles: Imprisonment of Conscientious Objectors(1999년 9월 2일) 참조].

112 The Question of Conscientious Objection to Military Service: Report of the Secretary-General prepared pursuant the Commission resolution 1995/83, U.N. ESCOR, 53rd Sess., Provisional Agenda Item 23, U.N. Doc. E/CN.4/ 1997/99, Annex II (4). 양심적 병역 거부자에게 무장한 군부대에서 비전투 임무를 부여하는 것을 법률로 허용하는 2개 국가가 있으며, 법률로는 이를 허용하지 않지만 사안별로 임시적으로 이러한 조치를 하는 3개 국가가 있다[The Question of Conscientious Objection to Military Service: Report of the Secretary-General prepared pursuant the Commission resolution 1995/83, U.N. ESCOR, 53rd Sess., Provisional Agenda Item 23, U.N. Doc. E/CN.4/ 1997/99, Annex II(5)(a)(b)].

113 좀 더 자세한 내용은 오종권, 〈대체복무의 근거와 입법방안〉, 대한변호사협회, 《인권과 정의》 제298호(2000년 6월) 말미에 수록된 자료(81~99쪽) 참조.

114 한국기독교총연합회(www.cck.or.kr), "병역을 거부하는 '여호와의 증인'을 위한 대체복무제 입법을 반대한다"(2001년 6월 1일).

115 〈정연택 한국기독교총연합회 사무총장 인터뷰〉, 《한겨레21》 제367호(2001년 7월 11일).

116 〈입법추진은 계속된다〉, 《한겨레21》 제369호(2001년 7월 25일).

117 김두식, 〈기독교도도 양심적 병역거부했다〉, 《한겨레21》 제369호(2001년 7월 25일).

118 김두식, 〈기독교도도 양심적 병역거부했다〉.

119 이종윤, "'주5일 근무' 재고를", 〈조선일보〉, 2001년 8월 13일자.

120 홍영일, 〈양심적 병역거부와 여호와의 증인〉, 안경환·장복희 엮음, 《양심적 병역거부》(사람생각, 2002), 247~248쪽.

121 헌법재판소 2004년 8월 26일 선고 2002헌가1 결정(김경일, 전효숙 재판관의 반대의견).

122 양건, 《헌법연구》(법문사, 1995). 326쪽.

123 헌법재판소 2004년 8월 26일 선고 2002헌가1 결정(김경일, 전효숙 재판관의 반대의견).

124 CCPR/C/84/D/1321-1322/2004(2006년 12월 31일)

125 Clay, aka Ali v. United States, 403 U.S. 698(1971).

126 380 U.S. 163(1965).

127 380 U.S. 166. 같은 취지의 판결로는 '웰시 판결 Welsh v. United States'[398 U.S. 333(1970)]이 있다.

128 Amnesty International, Out of the Margins: The Right to Conscientious Objection to Military Service in Europe(1997년 4월 15일).

129 Gillette v. United States, 401 U.S. 437(1971). 단 더글러스 대법관은 특정 전쟁에 반대하는 것도 '양심적 병역거부'에 포함시킨다 [더글러스 대법관의 반대의견, 463~475쪽].

130 Amnesty International, Out of the Margins: The Right to Conscientious Objection to Military Service in Europe(1997년 4월 15일).

131 스웨덴과 영국은 군복무 도중에라도 양심적 병역거부권에 기초해 대체복무를 신청할 수 있다고 명시적으로 밝히고 있다.

132 〈'촌놈의 뚝심'은 계속된다〉, 《한겨레21》 제550호(2005년 3월 15일).

133 〈예비군훈련거부, 헌재의 선택은?〉, 《한겨레21》 제659호(2007년 5월 11일).

134 헌법재판소 2004년 8월 26일 선고 2002헌가1 결정, 3. 사.

135 국순옥, 〈헌법학의 입장에서 본 자유민주주의의 두 얼굴〉, 《민주법학》 제12호(1997), 88쪽.

136 John Milton, *Areopagitica*, Robert Maynard Hutchins (ed.), 32 Great Books of the Western World(1952), 409쪽.

137 J. S. 밀, 《자유론》, 이극찬 옮김(삼성출판사, 1982), 295~296쪽.

138 250 U.S. 616(1919).

139 홈스 대법관의 사상에 대해서는 최종고 엮고 옮김, 《올리버 W. 홈스》(교육과학사, 1992) 참조.

140 Abrams, 250 U.S. 616·630, 홈스 대법관의 반대의견(강조는 인용자).

141 藤井一行, 《볼셰비키당조직론》, 이상철 옮김(세계, 1986), 43쪽에서 재인용. 당내 소수파를 허용하지 않는 스탈린식의 '일주암(一柱巖) monolith적 당'이라는 발상은 필연적으로 당을 관료화시키며, 당을 '무덤 같은 고요'와 '행정명령 체계' 속으로 밀어 넣어 당의 자정력과 창의성을 없애게 된다. 당내 소수파의 권리 보장 외에도 짚어보아야 할 것이 있다. 즉 '인민권력'인 소비에트와 '프롤레타리아 독재' 사이의 긴장 문제다. 전자와 후자가 환치되면, 비사회주의 정당의 절멸을 기도하는 이론과 실천이 나올 수밖에 없다.

142 李良志, 《중국혁명사: 사회주의 건설기 3》, 최윤수 옮김(거름, 1989), 83~84쪽.

143 J. B. 베리, 《사상의 자유의 역사》, 12쪽.

144 Question of the Human Rights of All Persons Subjected to Any Form of Detention or Imprisonment, Report of the Special Rapporteur, Mr. Abid Hussain, pursuant to Commission on Human Rights Resolution 1993/45, E/CN.4/1995/ 32, Para. 30.

145 Thornhill v. Alabama, 310 U.S. 88(1940); Connally v. General Con-

struction Co., 269 U.S. 385(1926).

146 Schenck v. United States, 249 U.S. 47(1919). 이 원리에 대해서는 제4절에서 자세히 살펴볼 것이다.

147 권영성,《보정판 헌법학원론》, 449쪽; 김철수,《헌법학개론》, 597~603쪽; 성낙인,《헌법학》(법문사, 2001), 379~383쪽 참조.

148 한인섭,《권위주의 형사법을 넘어서》(동성사, 2000), 185쪽.

149 권혁범,〈내 몸 속의 반공주의 회로와 권력〉,《우리 안의 파시즘》(삼인, 2000), 55쪽.

150 이성근,〈해방 직후 미군정치하의 여론동향에 관한 분석〉,《국제정치논총》제25집(1985), 119~131쪽.

151 이에 대해서는 홍기태,〈해방 후의 헌법구성과 1948년 헌법성립에 관한 연구〉(서울대학교 석사 학위논문, 1986); 김재홍,〈한국의 좌우이념과 해방 후 정당활동에 관한 연구〉(서울대학교 박사 학위논문, 1987); 손호철,《한국정치학의 새구상》(풀빛, 1991), 157~159쪽 참조.

152 손호철,《한국정치학의 새구상》, 159~160쪽.

153 한국정치연구회,《한국정치론》(백산서당, 1989), 203~204쪽.

154 조희연,〈한국의 국가 민주주의·정치변동〉(당대, 1998), 94쪽.

155 박윤배,《다시, 노동해방의 깃발로 우뚝 서기 위하여》(새길, 1991), 8~9쪽.

156 권혁범,〈내 몸 속의 반공주의 회로와 권력〉, 60~63쪽.

157 Bertrand Russel, *Proposed Roads to Freedom*(London: 1919), 211~212쪽.

158 A. Einstein, "Why Socialism?", *Monthly Review*(1949년 5월).

159 채만식,〈도야지〉,《채만식전집》제8권(창작사, 1987), 335~336쪽.

160 조갑제닷컴(www.chogabje.com) 참조. 이는 과거 정치학자 양동안

이 제창한 '우익 총궐기론'의 재판이다. 1988년 그는 "비록 구미에서는 냉전이 끝났을지 모르나 한반도에서는 이제부터 냉전이 본격화되고 있"다고 주장하고, "좌익은 활보하고 우익은 고개 숙이는 오늘의 우리 사회"를 개탄하면서 좌익 타도를 위해 우익이 '총궐기'할 것을 부르짖었다(양동안, 〈우익은 죽었는가?〉, 《현대공론》 1988년 8월호).

161 이영희, 《새는 좌우의 날개로 난다》(두레, 1994), 16~17쪽.

162 윤철호·오동렬 외, 《그렇소, 우리는 사회주의자요》(일빛, 1990), 43쪽.

163 임지현, 《이념의 속살》(삼인, 2001), 212쪽.

164 이영희, 《반세기의 신화》(삼인, 1999), 361쪽.

165 Francis Fukuyama, "The End of History?", *The National Interest* (1989년 여름).

166 천주교인권위원회 엮음, 《사법살인 1975년 4월의 학살》(학민사, 2001).

167 대법원 2008년 4월 17일 선고 2003도758 전원합의체 판결.

168 대법원 1986년 11월 11일 선고 86도1786 판결.

169 대법원 1992년 3월 31일 선고 90도2033 판결(다수의견). 단 이 판결에서 반대의견은 "표현물의 내용이 대한민국의 자유민주 체제를 비판하거나 이와 반대되는 의견을 표명한 것만으로는 부족하고, 적어도 폭력 기타 비합법적 방법에 의하여 대한민국의 존립 안전과 헌법의 기본 질서를 폐지 전복할 것을 유도 또는 선동하는 내용이 표현되어 있어야만 구체적이고 가능한 위험성 있는 불법한 표현물"이라고 주장했다.

170 Question of the Human Rights of All Persons Subjected to Any Form of Detention or Imprisonment, Report of the Special Rapporteur, Mr. Abid Hussain, pursuant to Commission on Human Rights

resolution 1993/45, E/CN.4/1995/ 32, Para. 29.

171 정태욱, 〈국가보안법과 한반도의 평화〉, 민주주의법학연구회,《민주법학》 제16호(1999), 56쪽.

172 김종서, 〈국가보안법의 적용논리 비판—제7조를 중심으로〉, 민주주의법학연구회,《민주법학》 제16호(1999), 76~79쪽.

173 김종서, 같은 글, 79쪽.

174 촘스키의 사상에 대해서는 촘스키의 홈페이지(www.chomsky.info)를 참조.

175 United States v. Eichman, 496 U.S. 310(1990); Texas v. Johnson, 491 U.S. 397(1989).

176 대법원 1983년 2월 8일 선고 82도2655 판결.

177 〈경향신문〉, 2004년 3월 30일자; 〈한겨레〉, 2004년 3월 31일자.

178 〈동아일보〉, 2005년 1월 2일자; 〈한겨레〉, 2005년 1월 2일자.

179 The Johannesburg Principles on National Security, Freedom of Expression and Access to Information, Principle 2. Report on the Special Rapporteur on the Promotion and Protection of the Right to Freedom of Opinion and Expression (E/CN.4/1996/39, 1996년 3월 22일)은 각국이 이 원칙을 채택하도록 권유했다. 이와 유사한 원칙으로는 The Siracusa Principles on the Limitation and Derogation Provisions in the International Covenant on Civil and Political Rights, reprinted in 7 *Human Rights Quarterly* 3(1985) 참조.

180 Question of the Human Rights of All Persons Subjected to Any Form of Detention or Imprisonment, Report of the Special Rapporteur, Mr. Abid Hussain, pursuant to Commission on Human Rights resolution 1993/45, E/CN.4/1995/ 32, Para. 48(강조는 인용자).

181 대법원 1993년 12월 24일 선고 93도1711 판결.

182 Communication no.628/1995: Republic of Korea, /03/11/98, CCPR/C/57/D/628/1995. 이 결정의 번역문은 《민주법학》 제15호, 377~390쪽에 실려 있다.

183 279 U.S. 644(1929).

184 279 U.S. 654~655, 홈스 대법관의 반대의견(강조는 인용자).

185 권영성, 《헌법학원론》, 486쪽; 김철수, 《헌법학개론》, 708~709쪽; 성낙인, 《헌법학》, 429쪽.

186 미국 연방대법원의 공산당 관련 판결을 개괄적으로 소개한 글로는 장호순, 〈미국 연방대법원의 국가보안법 판례〉, 민주사회를 위한 변호사모임, 《민주사회를 위한 변론》 제3호(1994); 장호순, 〈국가안보와 사상의 자유〉, 민주주의법학연구회, 《민주법학》 제7호(1994)가 있다.

187 249 U.S. 47(1919).

188 249 U.S. 52(강조는 인용자).

189 250 U.S. 616(1919) 이 판결은 아브람스 등 러시아 출신 공산주의자들이 미국 정부의 반소 정책을 비판하고 반소세력에 대한 무기 수송을 막기 위해 파업할 것을 촉구하는 전단을 공장과 가두에 뿌린 사건에 대한 판결이다.

190 250 U.S. 616·621.

191 250 U.S. 630, 홈스 대법관의 반대의견(강조는 인용자).

192 268 U.S. 652(1925).

193 268 U.S. 669.

194 268 U.S. 652·673.

195 274 U.S. 357(1927).

196 274 U.S. 377(강조는 인용자).

197 283 U.S. 359(1931).

198 299 U.S. 353(1937).

199 301 U.S. 242(1937).

200 S. M. Seymour Martin·Earl Raab, *The Politics of Unreason: Right-Wing Extremism in America, 1790~1977*(Univ. of Chicago Press, 1978), 224쪽〔권용립,《미국—보수적 정치문명의 사상과 역사》(역사비평사, 1991), 165쪽에서 재인용〕.

201 매카시즘에 대해서는 노명식,《자유주의의 원리와 역사—그 비판적 연구》(민음사, 1991), 246~250쪽; Robert Griffith, *The Politics of Fear: Joseph R. MaCathy and the Senate*(Univ. of Massa-chusettes Press, 1987), 321~335쪽 참조.

202 341 U.S. 494(1951).

203 341 U.S. 509~511.

204 더글러스 대법관의 사상에 대해서는 안경환,《미국법의 이론적 조명—윌리암 다글라스 판사의 법사상》(고시계, 1986) 참조.

205 341 U.S. 582~583.

206 354 U.S. 298(1957).

207 354 U.S. 318.

208 The Johannesburg Principles on National Security, Principle 6.

209 Molefi K. Asante, "Unraveling the Edges of Free Speech", *Nat'L F*, vol. 75(1995), 12·14쪽.

210 양동안,〈우익은 죽었는가〉,《현대공론》, 84·87쪽.

211 박노해,《민들레처럼》(노동자의벗, 1991), 92쪽.

212 *The Oxford Dictionary of Quotation*(Oxford Univ. Press, 1992), 717쪽.

213 국순옥,〈자유민주적 기본질서란 무엇인가?〉, 민주주의법학연구회,《민주법학》제8호(1994), 126~127쪽.

214 '민주질서보호법안'의 주요 내용은 첫째, 동 법안은 국보법의 '반국
　가단체' 개념을 대신하여 '대한민국에 적대하는 국가 또는 국가에
　준하는 집단'(법안 제2조 4·5항)을 사용하고 있고, '이적단체'를 '민
　주적 기본 질서'를 위해하는 조직으로 대체했다(법안 제4조 2항).
　둘째, '반국가단체를 이롭게 하는'이라는 개념을 '국가안전을 침해
　하는 행위'로 고치고 이를 5개항으로 정리하여 명시했다(법안 제2
　조 2항). 여기서 국가안전은, ①국가존립과 ②헌법상 민주적 기본
　질서에 대한 안전을 의미한다. 민주적 기본 질서는, ①국회구성 및
　정부선택권리, ②입법권의 국회기속과 법률의 헌법기속, ③행정 및
　사법의 법률기속, ④복수정당제 인정, ⑤사법권 독립 등을 포괄한다
　(법안 제2조 1·2항). 셋째, '반국가단체 찬양·동조죄'가 '민주질서 위
　해의 죄'로 바뀌었다(법안 제4조). 구체적으로는 ①대한민국의 국
　가로서의 존재를 부인하거나, ②상술한 5개항으로 적시된 이른바
　'헌법상 민주적 기본 질서'의 폐기를 '선전'하는 행위, ③이 같은 목
　적의 단체결성과 가입 행위, 그리고 대북관계에서는 '허위사실'을
　조작하여 북한의 적대 활동을 선전하는 행위 등을 처벌한다.

215 조국, 〈한국 근현대사에서의 사상통제법〉, 《역사비평》 1988년 여름
　호, 344~346쪽의 도표 참조.

216 한인섭, 《권위주의 형사법을 넘어서》, 146쪽.

217 〈조선일보〉, 1948년 11월 14일자(서중석, 《한국현대민족운동연구
　2》(역사비평사, 1996), 177쪽에서 재인용).

218 반공법이 국보법과 같이 존재하던 시기에는 형법상 '신법 우선의 원
　칙'에 따라 반공법이 국보법에 우선 적용되었고, '목적범'만 처벌하
　는 국보법에 비해 반공법은 '결과'만 가지고도 처벌할 수 있었기 때
　문에 반공법 적용이 대다수를 차지했다. 반공법은 '4월 혁명' 민주당
　정권의 '반공임시특별법안'을 현실화한 것으로, 이는 군사 정권의

'제1차 경제개발 계획'이 민주당 정권의 '제1차 경제개발 5개년 계획(안)', '신경제개발 5개년 계획(안)'을 현실화한 것과 함께 민주당 정권과 군사 정권의 '연속성'을 보여주는 사례다.

219 반공법을 흡수하여 국보법을 전면 개정한 이유는 첫째, 당시 국보법과 반공법이 같은 목적을 갖고 있었고 내용에서도 중복되는 부분이 많았을 뿐 아니라, 해석과 적용에서도 다소 혼란을 일으켰으므로 이를 조정·통합하여 법 체계를 일원화하기 위해서였다. 그리고 더 중요한 이유는 반공법의 시행 과정에서 나타난 수많은 인권침해로 말미암아 국내외의 인권단체가 폐지를 요구했고, 또 당시 전세계에서 '반공법Anti-Communist Law'이라는 명칭을 가진 나라가 남한밖에 없었으므로, 반공법을 형식적으로 폐지하되 그 주요 내용을 국보법에 흡수함으로써 국내외적 명분과 실리를 모두 취하려는 의도가 있었다.〔한국기독교사회문제연구원,《법과 민주화》(민중사, 1986), 27~28쪽〕.

220 박원순,《국가보안법 연구 1》(역사비평사, 1989), 8쪽.

221 대법원 1972년 12월 7일 선고 71노998 판결.

222 대법원 1961년 9월 28일 선고 4292행상48 판결.

223 대법원 1992년 9월 22일 선고 91도3317 판결.

224 이영희,〈북괴, 북한, 그리고 조선민주주의…〉,《한겨레논단》(한겨레신문사, 1989), 83쪽.

225 이장희,〈남북한 유엔가입과 국제법적 과제〉,《법과 사회》제5호 (1992년 상반기), 6쪽.

226 김일수,《법·인간·인권》(제3판) (박영사, 1996), 105쪽.

227 이러한 상황을 헌법학 용어로는 '헌법변천Verfassungswanderung'이라고 부른다(권영성,《보정판 헌법학원론》, 61쪽). 영토 조항의 사문화에 대해서는 장명봉,〈통일문제와 관계법의 괴리—통일정책과 헌

법문제를 중심으로〉,《사상과 경향》1989년 가을호 참조.

228 이러한 맥락에서 나는 헌법재판소의 국가보안법 '한정합헌' 결정에
서 변정수 재판관이 내놓은 반대의견에 동의한다[헌법재판소 1990
년 4월 2일 선고 89헌가113 결정(변정수 재판관 반대의견)].

229 한인섭,《권위주의 형사법을 넘어서》, 149쪽.

230 헌법재판소 1997년 1월 16일 선고, 92헌바6 결정, 93헌바34, 35, 36.

231 대법원 2010년 7월 23일 선고 2010도1189 전원합의체 판결.

232 죄형법정주의의 하위 원칙으로는, 첫째 형벌법규의 내용이 추상적
이고 불명확할 때는 국가기관의 자의적 해석이 허용되므로 구성 요
건은 가능한 한 명백하고 확장할 수 없는 개념을 사용해야 한다는
'명확성의 원칙', 둘째 범죄 행위의 구성 요건과 법적 결과를 당사자
에게 불리하게 유추적으로 확대해서는 안 된다는 '유추해석 금지의
원칙', 셋째 범죄와 형벌 사이에는 적정한 균형이 유지되어야 하므
로 범죄 행위에 대하여 그 위법성에 상응하는 만큼의 형벌만 부가되
어야 한다는 '적정성의 원칙' 등이 있다[신동운,《형법총론》(법문사,
2001), 20~41쪽].

233 헌법재판소 1990년 4월 2일 선고 89헌가113 결정. 이 결정에 대한
비판으로는 강금실,〈국가보안법 제7조 제5항 한정합헌결정에 관하
여〉(상·하), 대한변호사협회,《인권과 정의》1990년 10·11월호; 배
종대,〈다시 한번 국가보안법을 말한다〉, '법과 사회'이론연구회,《법
과 사회》제4호(1991), 143~150쪽 참조.

234 대법원 1986년 9월 23일 선고 86도1547 판결.

235 대법원 1986년 9월 23일 선고 86도1499 판결.

236 대법원 1990년 9월 25일 선고 90도1586 판결.

237 416 U.S. 134(1974).

238 같은 판결, 231쪽.

239 대법원 1970년 9월 29일 선고 70도1325 판결.

240 대법원 1973년 3월 13일 선고 73도136 판결.

241 대법원 1967년 7월 29일 선고 69도825 판결.

242 대법원 1978년 12월 13일 선고 78도2243 판결.

243 대법원 1970년 8월 31일 선고 70도1486 판결.

244 대법원 1971년 12월 28일 선고 71도2022 판결.

245 대법원 1973년 12월 11일 선고 73도2602 판결.

246 대법원 1976년 12월 14일 선고 76도3603 판결.

247 대법원 1976년 12월 28일 선고 76도3446 판결.

248 대법원 1975년 12월 9일 선고 73도3392 판결.

249 Yong Whan Cho, "National Security or People's Security: Suggestions for Human Rights and Against National Security Law" *Human Rights Violations under the National Security Laws in Asian Countries*(Korea NGO's Network for the U.N. World Conference on Human Rights ed., 1993), 95쪽.

250 이 법리에 대해서는 제3장 4절 참조.

251 대법원 1992년 3월 31일 선고 90도2033 판결; 대법원 1995년 7월 28일 선고 95도1121 판결 등 참조.

252 대법원 1992년 3월 31일 선고 90도2033 전원합의체 판결; 대법원 1994년 5월 24일 선고 94도930 판결; 대법원 1995년 7월 28일 선고 95도1121 판결; 대법원 1996년 12월 23일 선고 95도1053 판결 등 참조.

253 대법원 1993년 2월 9일 선고 92도1711 판결.

254 대법원 1998년 3월 13일 선고 95도117 판결. 이 판례에 대해서는 한인섭,《권위주의 형사법을 넘어서》, 165~195쪽 참조.

255 대법원 1994년 5월 24일 선고 94도930 판결.

256 서울지방법원 형사항소 제1부(재판장 이신섭) 1995년 4월 6일 선고 95노8 판결.

257 대법원 1996년 12월 23일 선고 95도1053 판결.

258 민주화실천가족운동협의회,《민주가족》복간 제22호(2001년 2월).

259 민주화실천가족운동협의회,《민주가족》복간 제29호(2001년 10월).

260 한인섭,《권위주의 형사법을 넘어서》, 182쪽.

261 Communication no. 628/1995: Republic of Korea. 03/11/ 98. CCPR/C/64/D/628/1995. (Jurisprudence). 이 결정의 번역문은 민주주의법학연구회,《민주법학》제15호(1999), 377~390쪽에 수록되어 있다.

262 Concluding Observations of the Human Rights Committee: Republic of Korea. 01/11/99. CCPR/C/79/Add.114.

263 Concluding Observations of the Human Rights Committee: Republic of Korea. 01/11/99. CCPR/C/79/Add.114, Para. 9.

264 서울지방법원 형사항소 제1부(재판장 이신섭) 1995년 4월 6일 선고 95노8 판결.

265 이영희,《자유인》(범우사, 1990), 72쪽.

266 예를 들어 장수근, "북한의 노동당 규약과 형법의 수정 있어야," www.issuetoday.co.kr(2000년 7월 17일); 정용석, "국가보안법이 존치되어야 할 8가지 이유", www.issuetoday.co.kr(2000년 7월 19일); "노동당 규약과 보안법", 〈조선일보〉, 2000년 6월 23일자 등 참조.

267 문제가 되는 조선노동당 규약 전문은 다음과 같다. "조선노동당의 당면 목적은 공화국 북반부에서 사회주의의 완전승리를 이룩하며 전국적 범위에서 민족해방과 인민민주주의의 혁명 과업을 완수하는 데 있으며 최종 목적은 온 사회의 주체사상화와 공산주의사회를 건설하는 데 있다."

268 김인회, 〈국가보안법의 위헌성에 대한 고찰〉, 민주사회를 위한 변호
사모임,《민주사회를 위한 변론》 2000년 7·8월호, 123쪽.

269 주요 내용을 보면 공화국 전복 또는 폭동(제44조), 간부 및 인민에
대한 테러(제45조), 반국가범죄 선전 선동(제46조), 적의 편으로
도망하거나 간첩 행위를 하거나 적을 도와주는 조국반역 행위(제
47조), 외국인의 간첩 행위(제48조), 외국인의 무장간섭 행위(제49
조), 파괴암해 행위(제50조), 외국인에 대한 적대 행위(제51조) 등
이다.

270 북한 형법 제52～53조.

271 김근식, "냉전논리와 북한 형법", 〈한겨레〉, 2000년 8월 2일; 김인회,
〈국가보안법의 위헌성에 대한 고찰〉, 124쪽.

272 북한 형법의 문제점에 대해서는 한인섭,《권위주의 형사법을 넘어
서》, 제10장 참조.

273 한인섭, 〈분단과 통일, 그리고 법〉, '법과 사회'이론연구회,《법과 사
회》 제5호(1992), 54～55쪽.

274 "국가보안법이 유례없다니", 〈조선일보〉, 2000년 7월 20일자.

275 박광작, "한·독 '국가보안장치' 비교", 〈조선일보〉, 2000년 8월 10일자.

276 이 법률 이전에는 1940년의 '파괴활동방지법Act to Prohibit Certain
Subversive Activities(이 법은 제안자의 이름을 따서 통상 '스미스법
the Smith Act'이라고 부른다)과 1954년의 '공산주의자통제법the
Communist Control Act'이 있었다. 그러나 '매캐런법'이 제정된 뒤
그 밖의 법은 거의 사용되지 않았다.

277 USC Title 50(War and Defence), Chapter 23. 대검찰청,《각국의 공
안관계법률》(공안자료집 제6권, 1989)에 우리말 번역본이 수록되
어 있다.

278 상원의원 매카시J. R. McCarthy는 1950년 2월 미 국무성에 57명 이

상의 공산주의자가 있다는 연설('솔트레이크시티 연설')을 시작으로 하여 현대판 마녀사냥을 전개했다. 그 결과 1956년까지 안보충성조사로 인해 연방공무원 2,700명이 파면되고, 1만 2,000명이 해임되었으며, 600여 명의 교수·교사가 해직되었다. 이 모든 조치는 비밀 증거와 유급 밀고자들에 의해 판사나 배심원 없이 집행되었다. 그리고 250여 명의 감독·작가 배우가 할리우드의 블랙리스트에 올랐고, 공산당 외에도 쇼팽문화센터, 흑인예술가위원회, 인권보호위원회, 미국작가동맹, 워싱턴서점협회 등이 '불충단체' 리스트에 올랐다. 또 40개의 노동조합이 공산주의자의 가입을 금지하게 되었으며, 좌익의 낙인이 찍힌 몇 개의 노조는 해체되었다(노명식,《자유주의의 원리와 역사—그 비판적 연구》(민음사, 1991), 248쪽; 하워드 진,《미국민중저항사 2》, 조선혜 옮김(일월서각, 1986), 168~169·173쪽). 그리고 매카시가 국무성의 해외도서관에 공산주의자의 책들이 소장되어 있다고 주장하자 국무성은 세계의 미국 도서관 센터에 도서제거 명령을 내렸는데, 그중에는《토마스 제퍼슨 선집》도 들어 있었다(하워드 진,《미국민중저항사 2》, 171쪽).

279 354 U.S. 298(1957).

280 389 U.S. 258(1967).

281 1956. 8. 17, BVerfGE 5. 85. 이 판결에 대한 비판으로는 김민배, 〈지배이데올로기로서의 '전투적 민주주의'의 논리와 그 비판〉, 민주주의법학연구회,《민주법학》제4호(1990), 22·31쪽 참조.

282 1956년 8월 17일, Urteil BVerf GE 5. 85 1BvB2/51.

283 슈테판 트라우만, "사설 내용 독 형법 오해 불러", 〈조선일보〉, 2000년 8월 5일자.

284 김일수,《법·인간·인권》, 112쪽.

285 한태호,《현대일본정치문화사》(대한교과서주식회사, 1990), 159~

160쪽·232쪽; 황성주·한봉호 엮음, 《일본, 일본인론—일본열도심층분석》(교육연구사, 1984), 414~418쪽; 이상준 엮고 옮김, 《일본보수혁신대립투쟁사》(민맥, 1990), 75~76쪽.

286 小林直樹, 《憲法講義》上(東京大學出版部, 1973), 320쪽.

287 清水英夫, 《思想·良心および言論の自由—資本主義社會における精神的自由》(一粒社, 1961), 48쪽.

288 最判, 昭 27. 4. 8. 勞動法律旬報, 113號. 그 밖에도 '좌익 추방'을 옹호한 판결로는 福岡地裁小倉支部判決, 昭 25. 9. 9, 裁時 66과 大阪高判, 昭 29. 2. 20, 判時 118 그리고 最裁, 昭 30. 11. 22 民集 9. 12. 1793 등이 있다.

289 平野義太郎, 〈基本的人權の治安立法〉, 《法律時報》 第24券 第1號 (1952년 1월), 11쪽; 宮內裕, 《戰後治安立法の基本的性格》(有信堂, 1960), 65쪽.

290 宮內裕, 《戰後治安立法の基本的性格》, 66·117쪽 이하; 杉村·宮內·片岡, 〈戰後治安立法の發展と特質〉, 《法律時報 增刊·治安立法》, 37쪽 이하.

291 藤永辛治 外編, 《特別刑法研究》8(有斐閣, 1981), 3쪽·319쪽.

292 津地判, 昭 27. 3. 28, 判時 48.

293 1952년에 〈우리는 무장의 준비와 행동을 개시하지 않으면 안 된다〉, 〈중핵자위대의 조직과 전술〉 등의 글을 수록한 공산당 교토부위원회 기관지 《교토의 깃발》(복간 제2호)을 배포한 사건을 다룬 교토지방재판소의 판결(京都地裁三刑 昭 31. 12. 27 判決: 判例時報 112號). 그 밖에 1952년 〈국민의 요구—일본공산당의 신강령〉, 〈우리는 무장의 준비와 행동을 개시하지 않으면 안 된다〉, 〈중핵자위대의 조직과 전술〉 등의 글을 수록한 일본공산당 기후현 위원회 명의의 《山旅案內》라는 팸플릿 반포 사건을 다룬 기후 지방재판소의 판

결(岐埠地裁, 昭 34. 4. 9: 判例時報 183號)도 같은 입장이었다.

294 배종대,〈다시 한번 국가보안법을 말한다〉, 138쪽.

295 대법원 2004년 7월 9일 선고 2000도 987 판결.

296 대법원 2003년 4월 9일 선고 2003도 8165 판결.

297 대법원 2008년 4월 17일 선고 2003도758 전원합의체 판결.

298 대법원 2010년 7월 23일 선고 2010도1189 전원합의체 판결.

299 김종서,〈국가보안법의 적용논리 비판—제7조를 중심으로〉, 89쪽.

300 국가인권위원회,〈국가보안법 폐지 권고 결정문〉(2004년 8월 23
    일), 34쪽.

301 인천지방법원 2007년 10월 10일 선고 2006고단4705 판결; 인천지
    방법원 제1형사부 2008년 6월 26일 제1형사부 2007노2452 판결.

302 한인섭,《권위주의 형사법을 넘어서》, 161~163쪽.

303 Statute of Amnesty International, As amended by the 23rd Inter-
    national Council, meeting in Cape Town, South Africa, 12 to 19
    December 1997(AI-index: POL 20/001/1998)(강조는 인용자). 국
    제사면위원회의 정의에서 '폭력 주장·사용'은 양심수를 정의하는 결
    정적 요소가 아니라, 국가의 존속 및 기능 유지의 원리와 비교 형량
    하는 과정에서 검토되어야 할 하나의 요소일 뿐이라는 주장에 주목
    할 필요가 있다(박정훈,〈헌법, 법철학, 신학의 관점에서 본 양심수
    의 사면〉, 한국천주교중앙협의회,《사목》제237호(1998년 10월)).
    우리 현대사에서 반독재운동은 권위주의 체제의 '폭력적 전복'을 시
    도했고 투석, 화염병 투척 등 '폭력'을 사용했지만(1980년 광주민주
    화운동 때는 집총을 했다) 이를 이유로 이들을 '양심수'에서 제외할
    수는 없다.

304 주 140 참조.

305 주 82 참조.

강준만 외, 《레드 콤플렉스―광기가 남긴 아홉 개의 초상》(삼인, 1997)

양심과 사상의 자유를 침해하고 국론을 분열시키며 사회 진보를 가로막는 레드 콤플렉스의 폐해를, 이를 이용한 가해자와 이로 인한 피해자의 모습을 통해 보여준 책이다. 레드 콤플렉스의 문제점을 구체적인 인물의 삶과 결부시켜 드러내고 있기에, 양심과 사상의 자유에 대한 그 어떤 학술논문보다 양심과 사상의 자유 문제를 생생하게 느끼도록 도와준다.

레드 콤플렉스 조장에 앞장 선 한국 언론, 이른바 '주사파 정국'을 촉발시킨 박홍, 레드 콤플렉스를 중립적 또는 허무주의적 언사로 포장하는 이문열, 평화통일론과 대북대결론 사이를 극단적으로 오가며 자아분열을 보이는 김영삼, 냉전세력의 사상공세로 좌절을 겪어야 했던 자유주의자 한완상, 권위주의 체제 수립 이후 40여 년간 용공조작의 피해자였던 김대중, 레드 콤플렉스라는 우상과의 투쟁에 온몸을 바친 지식인의 사표 이영희, 레드 콤플렉스를 털어내고 한국 현대사의 온전한 모습을 복원시킨 수작 《태백산맥》으로 '이적' 시비에 휘말린 조정래, '친북' 혐의로 죽어서도 조국에 돌아오지 못한 세계적 음악가 윤이상, 재일교포 유학생으로 7일간 북한 여행을 한 죄로 '간첩'이 되어 투옥되고 '전향'을 거부한 이유로 총 17년을 갇혀 있어야 했던 서준식 등이 이 책의 초상이다.

밀, J. S., 《자유론》, 이극찬 옮김(삼성출판사, 1982)

홉스 이래의 자유주의적 입장에 선 자유론을 집대성하고, '사상의 자유
시장' 이론의 원형을 제시한 밀의 불후의 고전이다. 밀은 현재 지배적 사
상이 영구히 권위를 가질 수 없다는 것, 사상의 정당성은 억압을 통해서
가 아니라 반대 사상과의 토론을 통해서 확보되는 것임을 강조하면서,
사상에 대한 박해는 그 사상이 현재 옳다고 인정되는 것이건, 또는 그 반
대의 경우를 막론하고 잘못된 것임을 논증하고 있다. 압제가 단지 정부
에 의해서만 일어나는 것이 아니라, '다수자'가 수를 이용하여 '소수자'
를 억압하면서도 발생한다는 데 주목한다는 점에 유의하며 이 불후의
고전을 재독할 필요가 있다.

베리, J. B., 《사상의 자유의 역사》 (박영사, 1986)

사상의 자유라는 이름으로 국내에서 출판된 최초의 책인 듯하다. 한국
사회에서 문제가 되는 양심과 사상의 자유 문제에 대한 직접적 시사를
얻기는 어렵지만, 이 주제에 관한 서구의 역사를 간명하게 잘 정리하고
있으므로 참조할 만하다. 그리스와 로마, 중세, 르네상스와 종교개혁, 합
리주의의 시대 등을 차례로 검토하면서, 사상의 자유가 '권위와 이성의
끊임없는 투쟁'을 통해 확보되었으며, 그 결과 사회가 진보해왔음을 밝
히고 있다.

박지현, 〈보안관찰법에 관한 연구—사상범에 대한 보안처분 부과의 법리상 문제점을
중심으로〉(서울대학교 석사 학위논문, 1999)

이승호, 〈보안관찰법 폐지론〉, '법과 사회' 이론 연구회, 《법과 사회》 제5호(1992)

보안관찰법의 문제점을 총괄하는 대표적인 두 논문이다. 보안관찰처분
을 포함한 보안처분에 대하여 날카로운 비판을 선도해온 이승호는 보
안관찰법이 규제 대상으로 삼는 행위가 과연 범죄인가, 보안관찰법상의

처분은 적정한 형사제재인가라는 질문을 던지면서 보안관찰법을 비판적으로 분석한 후, "보안관찰법을 우리의 법전에서 찢어버리고 그 어떠한 아류도 허용하지 않을 것"을 주장한다. 박지현은 보안관찰법에 대한 총괄적 분석을 통하여 보안관찰의 제한원리, 보안관찰처분의 요건 및 절차상의 쟁점, 보안관찰의 운영실태에 대해 꼼꼼한 분석을 전개하고 있다.

보안관찰처분과 관련한 최근 소식 '인권운동사랑방'의 홈페이지(www. sarangbang.or.kr)에서 얻을 수 있다. 보안처분 일반에 대한 더욱 깊은 논의에 대해서는 이승호의 〈우리나라의 보안처분류 제재체계에 대한 비판적 검토: 처분대상자의 관점에서〉(서울대학교 박사 학위논문, 1991)를 참조하라. 그리고 준법서약제와 보안관찰처분의 뿌리인 '사상전향제'의 문제점에 대해서는 서준식의 《나의 주장—반사회안전법 투쟁기록》(형성사, 1989)을 필독하기를 권한다.

안경환·장복희 엮음, 《양심적 병역거부》(사람생각, 2002)

서울대학교 법과대학 내의 공익인권센터가 창설되면서 주최했던 첫 번째 심포지엄의 결과물을 단행본으로 출간한 책이다. 양심적 병역거부에 대한 학술적 연구가 부족한 상황에서 법학자들이 본격적으로 이 문제를 다룸으로써 상당한 사회적 반향을 일으켰다. 이 책은 양심적 병역거부를 둘러싼 상반되는 주장을 담으면서 주요한 쟁점을 검토할 수 있게 한다. 그리고 양심적 병역거부에 대한 국제인권법상의 논의, 각국에서의 보장 현황, 최근 대체복무제도를 실시한 대만의 현황 등을 자세히 다루고 있다. 양심적 병역거부에 대한 연구에서 출발점이 될 수 있는 책이다.

유엔인권이사회 1998년 제77호 결의Hum. Rts. Comm. Res. 1999/ 77, U.N. Doc. E/
CN.4/RES/1998/77

동 결의는 양심적 병역거부권에 대한 가장 최근의, 가장 총괄적인 결의
이다. 원문은 'Office of the High Commissioner for Human Rights' 홈페
이지(www.ohchr.org)에서 검색창에 'conscientious objection'을 검색하
면 나온다. 동 결의의 서문은 양심적 병역거부권이 "종교적, 도덕적, 윤
리적, 인도주의적 또는 이와 유사한 동기에서 발생하는 심오한 신념 또
는 양심"에서 유래하는 것으로, 이는 세계인권선언 제18조 및 시민·정
치적 권리에 대한 국제규약 제18조에 기초한 정당한 권리임을 선언한
다. 동 결의는 이 권리를 인정하지 않은 국가는 양심적 병역거부자의 신
념의 본성을 차별하지 말 것, 그리고 양심적 병역거부를 결정하기 위한
독립적이고 불편부당한 의사결정기구를 만들 것을 호소하고 있으며, 또
한 징병제를 채택하고 있는 국가의 경우 비전투적 또는 민간적 임무를
수행하며, 징벌적 성격을 띠지 않는 대체복무제를 실시하라고 권고하
고 있다. 그리고 동 결의는 각국 양심적 병역거부자를 투옥하지 않도록
조치를 취할 것을 강조하고, 양심적 병역거부자를 경제·사회·문화·시
민 또는 정치적 권리 등의 측면에서 차별해서는 안 된다고 부언하고 있
으며, 양심적 병역거부권에 대한 정보가 이용 가능해야 함을 적시하고
있다.

The Johannesburg Principles on National Security, Freedom of Expression and
Access to Information, 1995

'국가안보와 표현의 자유 및 정보접근에 관한 요하네스버그 원칙'은
1995년 10월1일 요하네스버그 근방 위트와터라란드 대학 법학연구센
터의 협조 아래 회합을 마련한 국제법, 국가안보 및 인권에 관한 전문가
그룹에 의해 채택된 것으로, '한국인권재단' 홈페이지(www.humanrights.

or.kr)에 수록되어 있다. 국가안보를 구실로 한 표현의 자유에 대한 제한은 우리 현대사에서 끊임없이 계속되어왔던바, 이 원칙은 표현의 자유에 대해 국가안보 이익 보장에 필요한 규제를 하기 위해서는 어떠한 요건이 충족되어야 하는지를 명문화하고, 표현의 자유에 대한 권리의 평화적인 행사는 국가안보에 대한 위협으로 간주되어서는 안 되며 어떠한 규제나 형벌도 과해져서는 안 됨을 선언했다. '민주화' 이후에도 사라지지 않은 '국가안보 이데올로기'를 비판하기 위해 반드시 정독하기를 권하는 문서다.

박원순, 《국가보안법 연구 1: 국가보안법 변천사》(역사비평사, 1989); 《국가보안법 연구 2: 국가보안법 적용사》(역사비평사, 1992); 《국가보안법 연구 3: 국가보안법 폐지론》(역사비평사, 1992)

아직 마땅한 대체물을 찾을 수 없는 국가보안법에 대한 대표적인 연구서다. 제1권은 국가보안법의 변천사에 대하여, 제2권은 국가보안법의 적용사에 대하여, 그리고 제3권은 국가보안법 폐지론에 대하여 풍부한 판례, 국회기록, 언론기사, 토론회 자료 등을 기초로 논의를 전개하고 있다. 이 노작은 국가보안법의 태생상의 문제점과 개정 이유, 국가보안법의 법률적 문제점과 적용 악례, 국가보안법 개폐 논쟁의 쟁점과 비판 등 국가보안법과 관련된 모든 주제를 심도 있게 탐구하면서 국가보안법 폐지를 주창하고 있다. 책의 곳곳에 국가보안법이 초래한 민주주의의 왜곡·축소에 대한 필자의 개탄과 민주주의와 인권에 대한 신념이 배어 있다.

물론 남북기본합의서 발표, 남북한 유엔동시가입, 헌법재판소의 '한정합헌' 판결, 유엔인권규약 비준, 남북정상회담 등 이 책 발간 이후에 전개된 국내외적 변화를 고민하여 국가보안법 폐지를 추진하는 것은 우리의 몫이다. 이를 위해서는 [민주주의법학연구회, 《민주법학》 제16호

(1999) 국가보안법 특집; 민주사회를 위한 변호사모임 외, 《김대중 정부 1년 국가보안법 보고서》(사람생각, 1999); 민주사회를 위한 변호사모임 외, 《2000년 국가보안법 보고서》(도서출판 민주사회를 위한 변호사모임, 2000)》를 참조하라. 그리고 현시기 국가보안법 개폐를 둘러싸고 현재 진행되고 있는 운동 상황에 대해서는 '국가보안법폐지국민연대'의 홈페이지(http://freedom.jinbo.net)을 방문하여 살펴보기를 권한다.

한인섭, 《권위주의 형사법을 넘어서》(동성사, 2000)

이 책은 권위주의적 제도와 체질에 젖은 형사사법제도에 대한 한인섭의 비판적 글모음으로, 국가보안법을 뒷받침하는 형사사법 체제의 문제점을 알기 위해 필요한 책이다. 특히 이 책의 제4장은 국가보안법과 헌법·형법 등 다른 법률과의 충돌을 지적하고 국가보안법 존치론자의 논거를 비판하며, 국가보안법 없이도 반국가적 위험성을 관리할 수 있으며, 더욱이 인권침해를 막을 수 있음을 논증한다. 그리고 신학철의 그림 〈모내기〉에 대한 국가보안법 적용을 비판한 글은, 현재의 국가보안법 관련 대법원 판례가 '금기와 억압에 눌린 낡은 세대의 고백'임을 잘 보여주고 있다. 특히 제7장은 논란이 많은 '양심수'의 기준과 범위에 대하여 명쾌한 입장을 제시하고 있어 필독을 권한다.

양심과 사상의 자유를 위하여

초판 1쇄 발행 2001년 8월 30일
개정 2판 1쇄 발행 2020년 10월 6일
개정 2판 4쇄 발행 2024년 7월 19일

지은이 조국

펴낸이 김준성
펴낸곳 책세상
등록 1975년 5월 21일 제2017-000226호
주소 서울시 마포구 동교로23길 27, 3층 (03992)
전화 02-704-1251
팩스 02-719-1258
이메일 editor@chaeksesang.com
광고·제휴 문의 creator@chaeksesang.com
홈페이지 chaeksesang.com
페이스북 /chaeksesang   트위터 @chaeksesang
인스타그램 @chaeksesang   네이버포스트 bkworldpub

ISBN 979-11-5931-541-1 04080
         979-11-5931-400-1 (세트)